the orbi

academy.orbi.kr

형식은 모방해도 내용은 모방할 수 없습니다.
개인의 능력을 극대화 시킬
모든 계획이 **디오르비**에 있습니다.

전화 : 02-597-3533 ◇ 문자 전용 : 010-9124-0207 ◇ 주소: 강남구 삼성로 61길 15 (은마사거리 도보 3분)

출발의 습관은 수능날까지 계속됩니다.
형식적인 상담이나
관리하고 있다는 모습만 보이거나
학습에 전혀 도움이 되지 않는
보여주기식의 모든 것을 배척합니다.

쓸모없는 강좌와 할 수 없는 계획을 강요하거나
무모한 혹은 무리한 스케줄로
1년의 출발을 무의미 하게 하지 않습니다.
형식은 모방해도 내용은 모방할수 없습니다.

개인의 능력을 극대화 시킬 모든 계획이 **디오르비**에 있습니다.

랑데뷰
N 제

랑데뷰세미나

저자의 수업노하우가 담겨있는
고교수학의 심화개념서

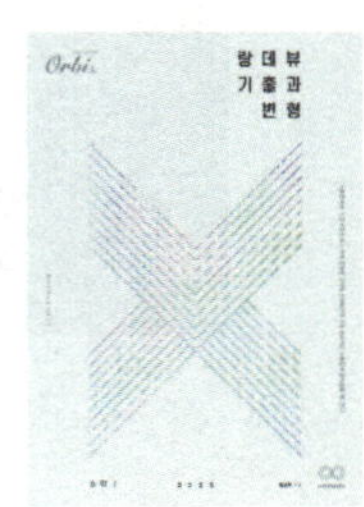

랑데뷰 기출과 변형 (총 5권)

- 1~4등급 추천(권당 약400~600여 문항)

Level 1 - 평가원 기출의 쉬운 문제 난이도
Level 2 - 준킬러 이하의 기출+기출변형
Level 3 - 킬러난이도의 기출+기출변형

모든 기출문제 학습 후 효율적인 복습
재수생, 반수생에게 효율적

〈랑데뷰N제 시리즈〉

라이트N제 (총 3권)

- 2~5등급 추천

수능 8번~13번 난이도로 구성

총 30회분의 시험지 타입
- 회차별 공통 5문항, 선택 각 2문항
  총 11문항으로 구성

독학용 일일학습지
또는 과제용으로 적합

랑데뷰N제 쉬사준킬

- 1~4등급 추천(권당 약 240문항)

쉬운4점~준킬러 문항 학습에 특화
실전개념 및 스킬 등이 포함된
문제와 해설로 구성

기출문제 학습 후 독학용
또는 학원교재로 적합

랑데뷰N제 킬러극킬

- 1~2등급 추천(권당 약 120문항)

준킬러~킬러 문항 학습에 특화
실전개념 및 스킬 등이 포함된
문제와 해설로 구성

모의고사 1등급 또는 1등급 컷에
근접한 2등급학생의 독학용

〈랑데뷰 모의고사 시리즈〉 - 선택 확률과통계, 미적분, 기하 합본

싱크로율 99% 모의고사

제1회 - 6평 싱크로율99%
제2회 - 9평 싱크로율99%
제3회 - 수능 싱크로율99%

1~4등급 추천

싱크로율 99%의 변형문제로 구성되어
평가원 모의고사를 두 번 학습하는 효과

기출 학습의 확인용으로 적합
100분 풀타임 모의고사 연습에 적합

랑데뷰☆수학모의고사 시즌1~3
어썸&랑데뷰 모의고사

1~4등급 추천

매년 8월에 출간되는 봉투모의고사

수능난이도와 비슷하거나 조금 어려운 난이도

실전력을 높이기 위한
100분 풀타임 모의고사 연습에 적합

랑데뷰 시리즈는 **전국 서점** 및 **인터넷서점**에서 구입이 가능합니다.

수능 대비 수학 문제집 **랑데뷰N제 시리즈**는 다음과 같은 난이도 구분으로 구성됩니다.

1단계- 랑데뷰 라이트 N제 (총3권) [종이책]

⇨ 변형 자작 문항(100%)
어려운 3점, 쉬운 4점, 어려운 4점 문항으로 구성되어 있다.

교재 활용 방법

① 각 권 30회씩(제1권:1~30, 제2권:31~60, 제3권:61~90회) 일일학습지 형식으로 구성되어 있어 매일 꾸준히 풀어보길 권한다.
② 각 회마다 수1&수2 5문항, 선택2 문항으로 구성되어 모든 선택자가 풀어볼 수 있다. (1~5번:공통, 6~7번:확통, 8~9번:미적분, 10~11번:기하)
③ 2~5등급 학생들에게 추천한다.

2단계- 랑데뷰 쉬사준킬 [종이책]

⇨ 변형 자작 문항(100%)
쉬운 4점과 어려운 4점, 준킬러급 난이도 변형 자작 문항 (쉬사준킬의 모든 교재의 문항수가 200문제 이상)이 출제유형별로 탑재되어 있음

교재 활용 방법

① 랑데뷰 [기출과 변형] 문제집과 같은 순서로 유형별로 정리되어 기출과 변형을 풀어본 후 과제용으로 풀어보면 효과적이다.
② [기출과 변형]과 병행해도 좋다. [기출과 변형]의 단원별로 Level1, level2까지만 완료 한 후 쉬사준킬의 해당 단원 풀기
③ 준킬러 문항을 풀어내는 시간을 단축시키기 위한 교재이다. N회독 하길 바란다.
④ 학원 교재로 사용되면 효과적이다.
⑤ 1~4등급 학생들에게 추천한다.

3단계- 랑데뷰 킬러극킬 [종이책]

⇨ 변형 자작 문항(100%)
킬러급 난이도 변형 자작 문항(킬러극킬의 모든 교재의 문항수가 100문제 이상)이 탑재되어 있음

교재 활용방법

① 랑데뷰 [기출과 변형]의 Level3의 문제들을 완벽히 완료한 후 시작하도록 하자.
② 킬러 문항의 해결에 필요한 대부분의 아이디어들이 킬러극킬에 담겨 있다.
③ 1등급 학생들과 그 이상의 실력을 갖춘 학생들에게 추천한다.

랑데뷰 수학을 만난 수험생 여러분! 꽃길만 걸으시길 응원합니다. [샤인수학학원 이재호]

잘하고 있다. 자신을 믿어라 [이지웅T]

너의 열정을 응원 할게 [수원 스카이에듀 김종렬T]

나의 꿈은 맑은 바람이 되어서 당신의 주위에 떠돌겠습니다.−한용운− [가토수학과학학원 이태형T]

세상에 쉽게 얻어지는 것은 없습니다. [홍지석T]

재능의 차이를 뛰어넘는 피나는 노력만이 만점을 만듭니다. [오은경T]

수험생 여러분들의 열정과 땀은 앞으로의 인생에 커다란 밑거름이 될 것입니다. [오라클수학교습소 김수T]

노력과 인내는 재능을 이길 수 있다. [장선생수학학원 장세완T]

돌이켜보면 몹시 괴로울 때 성장했고, 모든게 편안할 때 퇴보했다. [장정보수학학원 장정보T]

공들여서 천천히 꼼꼼하게 생각하세요. [굿티쳐강남학원 배용제T]

천리길도 한걸음부터...어떤 일이든 한번에 이루려 하지말고 차근차근 꾸준히 쌓아간다면 미래는 꿈꾸는 삶을 살 수 있을 것이다. [서영만T]

부족하다는 것은 그만큼 채울 수 있다는 뜻이다. [대전 오엠수학 오세준T]

도전을 즐기고, 실패에 좌절하지 말자. 자기 자신을 성장시키는 효과적인 방법이다. [장정보수학학원 함상훈T]

많은 사람들은 재능의 부족보다 노력의 부족으로 실패한다. [가인수학학원 최혜권T]

승패의 차이는 대부분 그만두지 않는데에 있습니다. 랑데부와 함께 끝까지 갑시다. [수학만영어도학원 최수영T]

오늘의 한 문제가 수능날 나를 만듭니다. [이호진고등수학 이호진T]

들은 것은 잊어버리고, 본 것은 기억하고, 직접 해본 것은 이해한다. 직접풀자 랑데뷰~! [섭수학과학학원 김창섭T]

간단하게 설명할수 없으면 제대로 이해하지 못하는 것이다. [태오름수학학원 임성일]

성실한 과정의 시간들은 원하는 결과를 반드시 가져올 것이다. [반포파인만고등관 김경민T]

Excelsior : 더욱 더 높이 [메가스터디 김가람T]

'새는 날아서 어디로 가게 될지 몰라도 나는 법을 배운다'는 말처럼 지금의 배움이 앞으로의 여러분들 날개를 펼치는 힘이 되길 바래봅니다. [가나수학전문학원 이소영T]

물 위의 우아한 백조는 물속 보이지 않는 다리를 열심히 젖고 있는 것이다. 보이는 것보다 보이지 않는 부단한 노력과 성실이 실력을 만든다. [일산제우스 수학학원 김진성T]

"포기라는 단어를 생각하는 순간이 가장 좋은 때이다. 늦지 않으니 충분히 노력하면 다시 일어설 수 있을 거야."
[매천필즈수학원 백상민T]

Attitude Determines Altitude [본투비수학 이인호 T]

오늘도 과거의 자신보다 나이지는 하루가 되길 바랍니다. [최병길T]

큰 성공은 작은 행동에서 시작된다. [조남웅T]

why, how 두 가지 질문에 답을 찾아 보세요. [샤인수학학원 김은수T]

지금 잠을 자면 꿈을 꾸지만, 지금 공부하면 꿈을 이룬다. [이미지매쓰학원 정일권T]

Step by step! 꾸준히 노력한 자, 수능날 랑데뷰로 성공하리라. [가나수학전문학원 황보성호T]

나는 똑똑한 것이 아니라, 단지 문제를 더 오랫동안 연구할 뿐이다. 알버트 아인슈타인 [강동희수학교습소 강동희T]

1등급을 만드는 특별한 습관 랑데부수학과 함께 합시다. [이지훈수학학원 이지훈T]

목표가 확실한 사람의 성장은 무서운 법이다!-이태원 클라쓰 [MQ멘토수학 최현정T]

반갑습니다 마지막문제에서 다시 만나요. [답길학원 서태욱]

목표는 사람을 성장하게 하고 랑데뷰는 목표 있는 사람을 지혜롭게 성장시킨다. [김이김(멘토수학) 이정배T]

수학을 즐길 줄 알아야 해. 완전해야만 빛이 나는 것은 아니야. 한 방울씩 떨어지는 낙숫물이 바위를 뚫듯 즐겁게 도전하는 너의 열정이 수학 실력을 더욱 높일 수 있을 거야. [샤인수학학원 필재T]

랑데뷰
N 제

하루 중 90%는 겸손하게 10%는 자신있게...

경우의 수

그림과 같이 12개의 영역으로 나뉘어진 원판에 빨강, 파랑, 노랑을 1번씩만 사용하여 1개의 영역에만 칠해서 칠해진 세 각의 합이 90°가 되도록 칠하는 경우의 수를 구하시오. (단, 회전하여 일치하는 것은 같은 것으로 본다.) [4점]

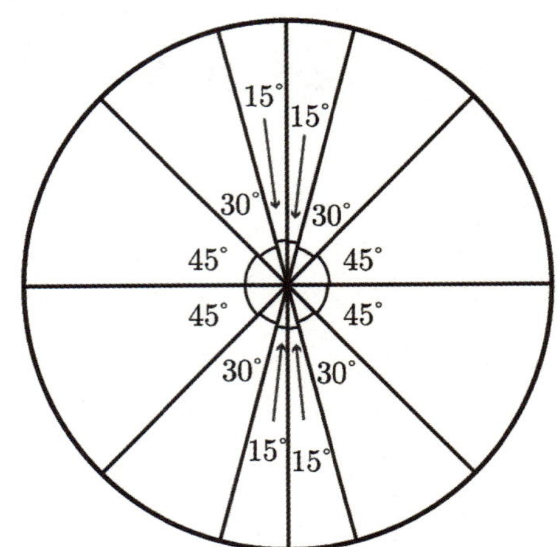

흰색 원판 3개, 검은색 원판 3개, 빨간색 원판 3개에 각각 A, B, C의 문자가 하나씩 적혀있다.
이 9개의 원판 중에서 3개를 택하여 다음 규칙에 따라 원기둥 모양으로 쌓는 경우의 수를
구하시오. (단, 원판의 크기는 모두 같고, 원판의 두 밑면은 서로 구별하지 않는다.) [4점]

(가) 선택된 3개의 원판 중 같은 문자가 적힌 원판이 있으면 검은색 원판이 흰색, 빨간색 원판
보다 아래쪽에 놓이도록 쌓는다.

(나) 선택된 3개의 원판 중 같은 문자가 적힌 원판이 없으면 C가 적힌 원판이 맨 아래에 놓이
도록 쌓는다.

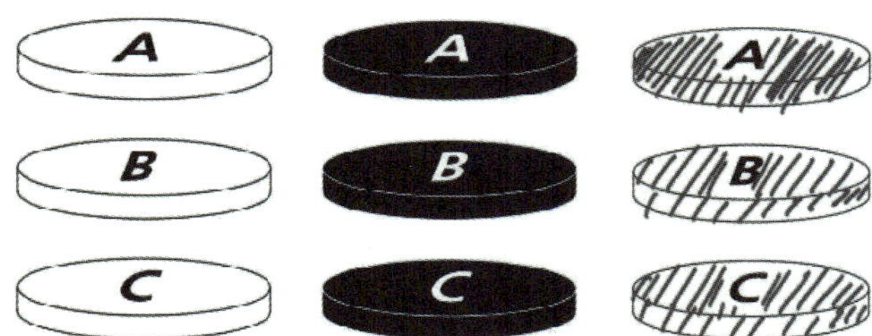

다음 그림과 같이 합동인 16개의 정사각형으로 이루어진 색칠판이 있다. 빨간색, 파란색을 포함하여 총 16가지의 서로 다른 색으로 이 색칠판을 다음 조건을 만족시키도록 칠하려고 한다.

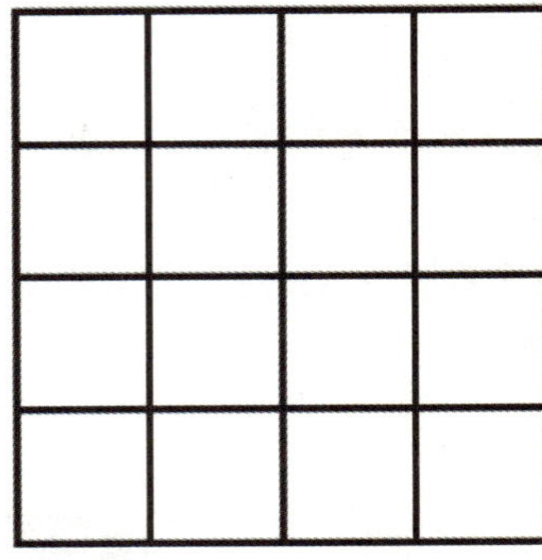

> (가) 주어진 16가지의 색을 모두 사용하여 칠한다.
> (나) 한 정사각형에는 한 가지 색만을 칠한다.
> (다) 빨간색과 파란색이 칠해진 두 정사각형은 꼭짓점을 공유하지 않는다.

색칠판을 칠하는 경우의 수는 $k \times 14!$ 이다. k의 값을 구하시오. (단, 회전하여 일치하는 것은 같은 것으로 본다.) [4점]

6이상의 자연수 n에 대하여 중심각의 크기가 같은 n개의 부채꼴로 원판을 나눈 후, 다음 조건을 만족시키도록 1부터 n까지의 자연수를 각 부채꼴에 하나씩 모두 적는 경우의 수를 $f(n)$이라 하자.

> (가) 홀수를 적은 부채꼴끼리는 서로 이웃하지 않는다.
> (나) 1을 적은 부채꼴과 n을 적은 부채꼴은 서로 이웃하지 않는다.

예를 들어 $n=6$일 때, 조건을 만족시키도록 1부터 6까지의 자연수를 적는 경우는 다음과 같이 4가지가 있으므로 $f(6)=4$이다.

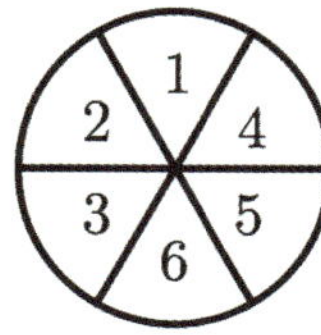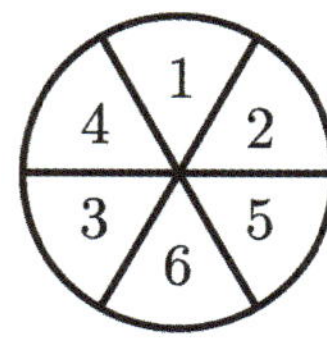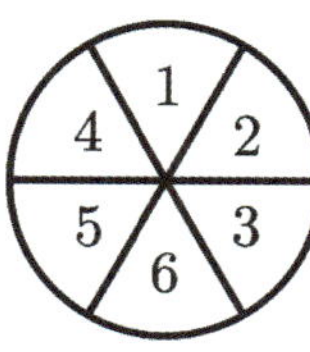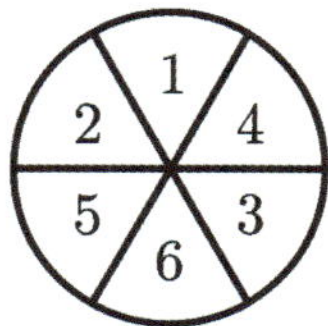

$\dfrac{f(101)+f(102)}{f(100)} = \dfrac{q}{p}\times 5^4$일 때, $p+q$의 값을 구하시오. (단, p, q는 서로소인 자연수이다.)

[4점]

A, B, C, D, E, F, G의 7명의 학생이 다음 조건을 만족시키면서 일정한 간격을 두고 원탁에 둘러앉는 경우의 수를 구하시오. (단, 회전하여 일치하는 것은 같은 것으로 본다.) [4점]

> (가) A가 앉은 자리를 1번으로 하고 시계 방향으로 2번부터 7번까지 차례로 자리에 번호를 정한다.
>
> (나) B는 5번 자리에 앉는다.
>
> (다) A 바로 옆자리 중 적어도 한 자리에는 D, E, F 중에서 앉고, C 바로 옆자리 중 적어도 한 자리에도 D, E, F 중에서 앉는다.

다음 그림과 같이 넓이가 1인 9개의 정사각형으로 이루어진 넓이가 9인 정사각형이 있다. 넓이가 1인 9개의 정사각형에 숫자 1, 2, 3, 4, 5를 중복을 허락하여 하나씩 적으려고 한다. 이때, 같은 줄에 적힌 세 수의 합이 모두 짝수가 되고 같은 열에 적힌 세 수의 합이 모두 짝수가 되도록 숫자를 적는 경우의 수를 N이라 할 때, $\dfrac{N-512}{3^6}$ 의 값을 구하시오. (단, 정사각형은 회전하지 않는다.)

[4점]

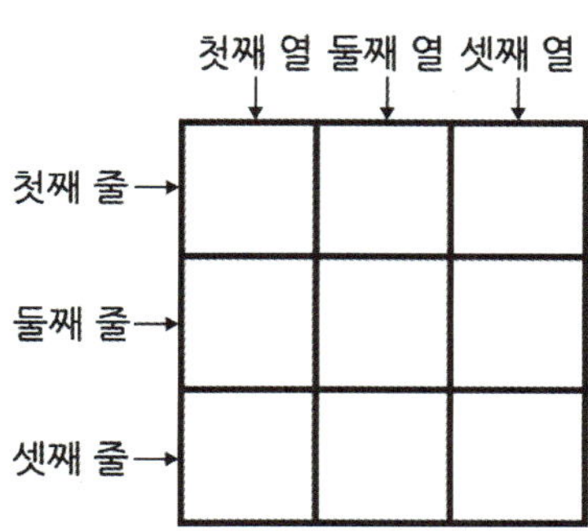

07 문자 a, a, b, b, c, c, c, d, d중에서 다섯 개를 택해 일렬로 나열할 때, 다음 조건을 만족시키는 경우의 수는? [4점]

> (가) 문자 c가 나온 횟수를 m, 문자 d가 나온 횟수를 n이라 할 때, $m-n=2$이다.
> (나) 문자 a가 2번 나오면 a는 서로 이웃한다.

① 82   ② 83   ③ 84   ④ 85   ⑤ 86

08 두 집합 $X = \{1, 2, 3, 4, 5\}$, $Y = \{1, 2, 3, 4\}$에 대하여 다음 조건을 만족시키는 함수
$f : X \rightarrow Y$의 개수를 구하시오. [4점]

> (가) $f(f(1)) = 3$
> (나) 함수 f의 치역의 원소의 개수는 2이다.

09 집합 $X = \{1, 2, 3, 4\}$에 대하여 함수 $f : X \to X$ 중에서 다음 조건을 만족시키는 함수 f의 개수를 구하시오. [4점]

(가) 함수 f의 치역의 원소의 개수는 3이다.
(나) 합성함수 $f \circ f$의 치역의 원소 중 짝수의 개수는 1이다.

다음 조건을 만족시키는 네 자리 자연수의 개수를 구하시오. [4점]

> (가) 각 자리의 수의 합이 14이하이고 홀수인 자연수이다.
> (나) 일의 자리의 수는 나머지 자리의 수의 합보다 1만큼 크다.

킬러극킬 – 확률과 통계

11 세 집합

$$X = \{x \mid x \text{ 는 } 12 \text{이하인 자연수}\}$$

$$Y = \{x \mid x \text{ 는 } 8 \text{이하인 자연수}\}$$

$$Z = \{x \mid x \text{ 는 } 3 \text{의 배수이고 } x \in X\}$$

가 있다. 함수 $f : X \to X$ 중에서 다음 세 조건을 모두 만족시키는 함수 f 의 개수를 a 라 할 때, $\dfrac{a}{100}$ 의 값을 구하시오. [4점]

(가) 집합 Z 의 임의의 두 원소 x_1, x_2 에 대하여 $x_1 < x_2$ 이면 $f(x_1) < f(x_2)$ 이다.
(나) 집합 $X - Z$ 의 임의의 두 원소 x_3, x_4 에 대하여 $x_3 < x_4$ 이면 $f(x_3) \leq f(x_4)$ 이다.
(다) 함수 f 의 치역은 Y 이다.

12 다음 그림과 같이 A 지점을 출발하여 계단을 올라 B 지점에 도착하고자 한다. A 지점에서
출발하여 계단을 오를 때에는 한 번에 한 단 또는 두 단을 올라갈 수 있고, 색칠한 부분을 밟게
된다면 그 다음부턴 계단을 오를 때 한 번에 한 단 또는 세 단을 올라갈 수 있다고 한다.
A 지점에서 출발하여 B 지점에 도착하는 모든 경우의 수를 구하시오. [4점]

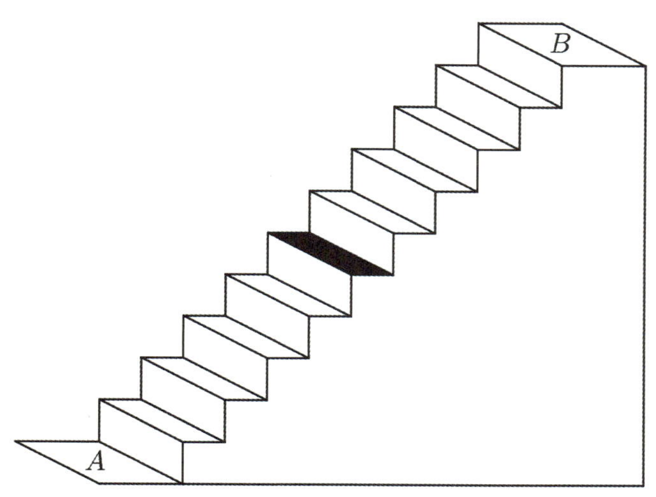

다음 그림과 같이 직각이등변삼각형과 정사각형 모양으로 연결된 도로망이 있다. 이 도로망을 따라 A 지점에서 출발하여 A 지점과 B 지점 사이에 7개의 교차점을 지나면서 B 지점까지 최단거리로 가는 경우의 수를 구하시오. (단, 각 도로가 만나는 지점을 교차점이라 한다.) [4점]

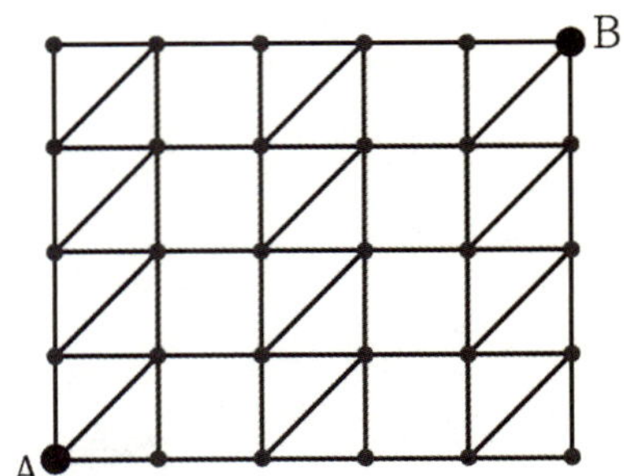

14 A와 B는 동전을 던져서 앞면이 나오면 A가 뒷면이 나오면 B가 계단을 한 칸씩 올라가는 게임을 하고 있다. 이때, 여섯 번째 계단에 먼저 도착하는 사람이 이기는 경기가 있다. 다음 조건을 만족하는 A가 이기는 경우의 수를 구하시오. [4점]

(가) A가 B보다 항상 높거나 같은 위치에 있어야 한다.
(나) 동전을 던지는 총 횟수는 홀수 번이다.

다음 그림과 같이 바둑판 모양의 도로망이 있다. 이 도로망은 정사각형 R와 같이 한 변의 길이가 1인 정사각형 9개로 이루어진 모양이다.

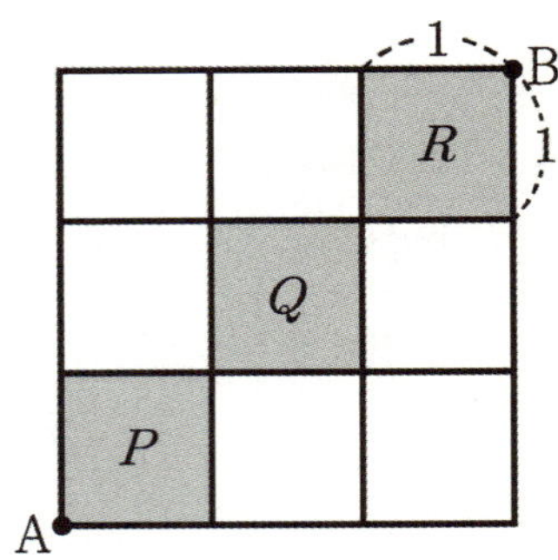

이 도로망을 따라 최단거리로 A 지점에서 출발하여 B 지점을 지나 다시 A 지점까지 돌아올 때, 정사각형 P, Q, R 중 네 변을 모두 지나는 정사각형이 적어도 하나 존재하는 경우의 수를 구하시오. [4점]

다음 그림과 같이 사분원의 모양으로 연결된 도로망에서 각 도로가 만나는 지점을 교차점이라
하자. 이 도로망을 따라 A 지점에서 출발하여 A 지점과 B 지점 사이에 7개의 교차점을 지나면서
B 지점까지 최단 거리로 가는 경우의 수를 구하시오. [4점]

17 세 명의 학생 A, B, C 에게 같은 종류의 초콜릿 3개, 같은 종류의 빵 4개, 같은 종류의 우유 5개를 남김없이 다음 조건에 따라 나누어주는 방법의 수를 구하시오. (단, 초콜릿, 빵, 우유를 모두 받지 못하는 학생이 있을 수 있다.) [4점]

> (가) A가 받는 초콜릿의 개수를 α, B가 받는 빵의 개수를 β, C가 받는 우유의 개수를 γ라 하자.
>
> (나) $\alpha < \beta < \gamma$ $(\alpha \geq 0,\ \beta \geq 0,\ \gamma \geq 0)$

18 사과 4개와 배 4개가 있다. 이 8개의 과일 모두를 네 명의 학생에게 나누어 주는 방법의 수를 구하시오. (단, 같은 종류의 과일은 서로 구별하지 않고 네 명의 학생 모두 1개 이상의 과일을 받는다.) [4점]

다음 조건을 만족시키는 자연수 x, y, z의 모든 순서쌍 (x, y, z)의 개수를 구하시오. [4점]

> (가) $x + y + z \leq 12$
> (나) $x \times y \times z$는 8의 배수가 아닌 짝수이다.

20 집합 $X = \{-2,\ -1,\ 0,\ 1,\ 2\}$에 대하여 다음 조건을 만족시키는 함수 $f : X \to X$의 개수를 구하시오. [4점]

(가) $f(f(-2)) = 1$
(나) $|f(-2)| \leq |f(-1)| \leq |f(1)| \leq |f(2)|$

21 자연수 n에 대하여 다음 조건을 만족시키는 음이 아닌 정수 a, b, c, d의 모든 순서쌍

$(a,\ b,\ c,\ d)$의 개수를 a_n이라 할 때, $\dfrac{a_{29}}{a_{13}} = \dfrac{q}{p}$ 이다. $p+q$의 값을 구하시오. (단, p와 q는

서로소인 자연수이다.) [4점]

(가) $a+b+c+d = 2n+1$

(나) a, b, c 중에서 오직 하나만 홀수이다.

---

22 등식 $|x|+|y|+|z|=7$을 만족시키는 서로 다른 세 정수 $x,\ y,\ z$의 순서쌍 $(x,\ y,\ z)$의 개수를 구하시오. (단, $|x| \geq |y| \geq |z|$) [4점]

집합 $X = \{1, 2, 3, 4, 5\}$에 대하여 X에서 X로의 함수 중에서 다음 조건을 만족시키는 함수 f의 개수를 구하시오. [4점]

(가) $f(x) = 5$인 집합 X의 원소 x가 존재한다.

(나) $\displaystyle\sum_{k=1}^{5} f(k) = 14$

---

24 집합 $A = \{1, \ 2, \ 3, \ \cdots, \ 50\}$의 부분집합 중 홀수의 개수는 13이상이고, 짝수의 개수는 12이하인 부분집합의 개수는 2^k이다. 자연수 k의 값을 구하시오. [4점]

25 집합 $X = \{1, 2, 3, 4, 5, 6, 7, 8\}$, $Y = \{1, 2, 3, 4, 5\}$에 대하여 다음 조건을 만족시키는 모든 함수 $f : X \to Y$의 개수를 구하시오. [4점]

> (가) $f(4) + f(6) = 6$
> (나) $Y = \{f(x) \mid x \in X\}$
> (다) 집합 X의 임의의 두 원소 x_1, x_2에 대하여 $x_1 < x_2$이면 $f(x_1) \leq f(x_2)$이다.

26 다음 조건을 만족시키는 네 자리의 자연수의 개수를 구하시오. [4점]

> (가) 네 자리의 자연수는 9의 배수이다.
> (나) 각 자리의 수는 모두 6이하의 자연수이다.

27 어느 마트에서 특별 할인 행사 사은품으로 크기가 같고 맛이 다른 막대사탕 A, B, C, D, E 을 25개 담아갈 수 있는 바구니를 준비하였다. 각 막대사탕은 6개까지만 담을 수 있고 다섯 종류의 각 사탕을 적어도 하나씩은 바구니에 담는다고 할 때 바구니에 사탕을 25개 담는 방법의 수는? [4점]

① 100   ② 112   ③ 126   ④ 138   ⑤ 154

28 검은색 볼펜 2자루, 파란색 볼펜 4자루, 빨간색 볼펜 5자루가 있다. 이 11자루의 볼펜 중에서 6자루를 선택하여 3명의 학생에게 남김없이 나누어 주는 경우의 수를 S라 할 때, $\dfrac{S}{2}$의 값을 구하시오. (단, 같은 색 볼펜끼리는 서로 구별하지 않고, 볼펜을 1자루도 받지 못하는 학생이 있을 수 있다.) [4점]

29   집합 $X = \{0, 1, 2, 3, 4, 5\}$에 대하여 X에서 X로의 함수 f중 다음 조건을 만족시키는 함수의 개수를 구하시오. [4점]

(가) 집합 X의 임의의 두 원소 x_1, x_2에 대하여 $x_1 < x_2$이면 $f(x_1) \leq f(x_2)$이다.

(나) 함수 f의 치역의 원소의 개수는 2이상이고 치역의 모든 원소의 합은 5이다.

30 흰 공 3개, 빨간 공 3개, 검은 공 3개를 3명의 학생에게 남김없이 나누어 주려고 한다. 흰 공을 받은 학생은 빨간 공과 검은 공 중 적어도 1개 이상 받도록 나누어 주는 경우의 수를 구하시오. (단, 같은 색의 공은 서로 구별하지 않는다.) [4점]

31 사랑이는 2주(14일) 동안 매일 도보 또는 버스 중 하루에 한 가지만 선택하여 이동하는 배낭여행 계획을 다음과 같은 방법으로 세우고자 한다.

> (가) 2주 중 도보는 6일, 버스는 8일 이용한다.
> (나) 버스를 3일 이상 연속으로 이용하지 않는다.

사랑이가 2주 동안 배낭여행 계획을 세우는 경우의 수를 구하시오. [4점]

32 어느 학반 야영회에서 간식 시간을 위해 신라면, 진라면, 너구리, 안성탕면, 삼양라면을 각각 10개씩 총 50개를 준비하였다. 그 학급에서 이 50개의 라면 중 27개의 라면을 선택해서 27개를 끓일 수 있는 냄비에 라면을 끓으려고 할 때, 다음 조건을 만족시키도록 선택하는 경우의 수는 a이다. $\dfrac{a}{8}$의 값을 구하시오. (단, 같은 종류의 라면은 서로 구별하지 않는다.) [4점]

(가) 신라면, 진라면, 너구리는 3개 이상씩 선택한다.
(나) 안성탕면은 선택하지 않거나 3개 이상 선택한다.
(다) 삼양라면은 선택하지 않거나 3개 이상 선택한다.

---

33 학급회식을 위해 제과점에서 A, B, C, D, E 5가지 종류의 빵을 사려고 한다. 모든 빵은 10개씩 준비가 되어 있다. 30개의 빵을 사려고 할 때, 다음 조건을 만족시키도록 선택하는 경우의 수를 구하시오. [4점]

(가) A, B, C 는 5개 이상씩 선택한다.
(나) D 는 4개 이상을 선택하거나 선택하지 않는다.
(다) E 는 3개 이상을 선택하거나 선택하지 않는다.

34

다음 그림과 같이 바둑판 모양의 도로망이 있다. 이 도로망은 정사각형 R와 같이 한 변의 길이가 1인 정사각형 16개로 이루어진 모양이다.

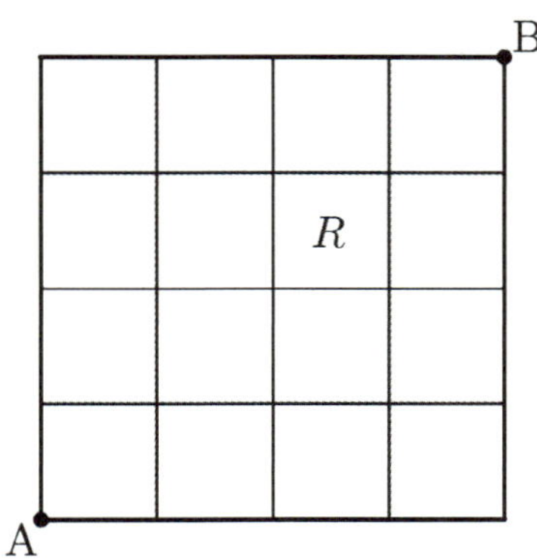

이 도로망을 따라 최단거리로 A 지점에서 출발하여 B 지점을 지나 다시 A 지점까지 돌아올 때, 다음 조건을 만족시키는 경우의 수를 구하시오. [4점]

(가) 정사각형 R의 네 변을 모두 지나야 한다.
(나) 한 변의 길이가 1인 정사각형 중 네 변을 모두 지나게 되는 정사각형은 오직 정사각형 R 뿐이다.

35 H 선생은 확률과 통계 6문제가 들어가는 시험지를 제작하려 한다. 확률과 통계의 1, 2, 3단원을 중복을 허락하여 다음 조건을 만족시키는 시험지의 개수를 구하시오. [4점]

(가) 시험지에 포함된 1단원의 문제의 개수는 3이다.
(나) 1단원 문제 바로 다음 번호에는 1단원 문제 또는 2단원 문제를 배치한다.
(다) 여섯 번째 문제에는 1단원 문제가 올 수 없다.

36 8개의 문자 a, a, a, a, b, b, c, c를 일렬로 나열할 때, b와 b는 이웃하거나 이웃하지 않을 때는 b와 b사이에 짝수 개의 문자가 놓이도록 나열하는 경우의 수를 구하시오. [4점]

37 자연수 k에 대하여 다음 조건을 만족시키는 15이하의 네 자연수 a_1, a_2, a_3, a_4의 모든 순서쌍 (a_1, a_2, a_3, a_4)의 개수를 b_k라 하자.

> 4이하의 임의의 두 자연수 m, n $(m < n)$에 대하여 $a_n - a_m \geq k$이다.

$$\sum_{k=1}^{4} \frac{b_k}{(17-3k)(16-3k)}$$ 의 값을 구하시오. [4점]

38 $_1\mathrm{C}_1 \cdot {}_{38}\mathrm{C}_3 + {}_2\mathrm{C}_1 \cdot {}_{37}\mathrm{C}_3 + \cdots + {}_{36}\mathrm{C}_1 \cdot {}_3\mathrm{C}_3 = {}_n\mathrm{C}_r$ 일 때, $n+r$의 값을 구하시오. (단, $n,\ r$는 자연수이고 $10 \leq n \leq 99$, $1 \leq r \leq 9$이다.) [4점]

39 커피음료 아인슈페너의 가격은 5000원을 받는 비엔나 커피하우스 대구점에 13명의 손님이 커피를 테이크아웃 하려고 줄을 서고자 한다. 이들은 모두 현금으로 결제하려고 하며 이들 가운데 5명은 10000원짜리 지폐를 한 장씩 갖고 있고, 나머지 8명은 5000원짜리 지폐를 한 장씩 갖고 있다. 맨 처음 커피를 판매할 때 커피 하우스에는 잔돈이 없기 때문에 잔돈을 내어 줄 수 없고 아인슈페너는 한 사람이 한 잔만 살 수 있다고 한다. 모든 손님이 순조롭게 커피를 사고 커피 직원은 잔돈을 내주지 못해 어려움을 겪지 않도록 줄을 서는 방법의 수를 구하시오. (단, 같은 돈을 들고 있는 사람끼리 자리를 바꾸는 것은 동일한 경우로 본다.) [4점]

40 다음 조건을 만족시키는 20이하의 네 자연수 a_1, a_2, a_3, a_4의 모든 순서쌍 (a_1, a_2, a_3, a_4)의 개수를 구하시오. [4점]

(가) $a_1 < a_2 < a_3 < a_4$인 네 자연수 a_1, a_2, a_3, a_4에 대하여 임의의 두 수의 차는 3이상이다.

(나) $a_1 + a_4 \leq 29$

---

41 집합 $X = \{0, 1, 2, 3, 4, 5\}$에 대하여 X에서 X로의 함수 f 중 다음 조건을 만족시키는 함수의 개수를 구하시오. [4점]

> (가) 집합 X의 임의의 두 원소 x_1, x_2에 대하여 $x_1 < x_2$이면 $f(x_1) \leq f(x_2)$이다.
>
> (나) 함수 f의 치역의 원소의 개수는 2이상이고 치역의 모든 원소의 합은 5 또는 6이다.

42 아서왕, 가웨인, 랜슬롯과 A , B , C 을 포함한 13명의 기사들이 원탁에서 회의를 하기 위해 다음 조건을 만족시키면서 일정한 간격을 두고 원탁에 둘러앉는 경우의 수를 구하시오. (단, 회전하여 일치하는 것은 같은 것으로 본다.) [4점]

> (가) 아서왕이 앉은 자리를 1번으로 하고 시계 방향으로 2번부터 13번까지 차례로 번호를 정한다.
>
> (나) 가웨인은 11번 자리에 앉고 4, 5, 6, 7, 8번 자리에는 아서왕, 가웨인, 랜슬롯과 A , B , C 가 아닌 기사들 7명 중 직전 회의에 4, 5, 6, 7, 8번에 앉았던 5명이 그대로 앉아 있다.
>
> (다) 아서왕 바로 옆자리 중 적어도 한 자리에는 A , B , C 중에서 앉고 랜슬롯 바로 옆자리 중 적어도 한 자리에도 A , B , C 중에서 앉는다.

43 다섯 명의 학생 A, B, C, D, E에게 같은 종류의 빵 12개와 같은 종류의 우유 12개를 다음 조건을 만족시키도록 남김없이 나누어 주는 경우의 수를 구하시오. [4점]

> (가) 다섯 명의 학생 A, B, C, D, E가 받는 빵의 개수는 각각 4이하이고 학생 A가 받는 빵의 개수는 학생 B가 받는 빵의 개수의 2배이다. (단, 학생 A는 적어도 1개의 빵을 받고 빵을 받지 못하는 학생이 있을 수 있다.)
>
> (나) 다섯 명의 학생 A, B, C, D, E가 받는 우유의 개수는 각각 1이상이고 학생 D는 학생 C보다 우유를 3개 더 받는다.

44 다섯 명의 학생 A, B, C, D, E에게 같은 종류의 연필 7개와 같은 종류의 지우개 7개를 다음 규칙에 따라 남김없이 나누어 주는 경우의 수를 구하시오. [4점]

> (가) 각 학생은 연필과 지우개 중 적어도 1개 이상을 받는다.
> (나) 학생 A가 받는 연필의 개수는 5이상이다.
> (다) 지우개보다 연필을 더 많이 받는 학생은 2명뿐이다.

45 연필 8자루와 볼펜 5자루를 다음 조건을 만족시키도록 여학생 4명과 남학생 2명에게 남김없이 나누어 주는 경우의 수를 구하시오. (단, 연필끼리는 서로 구별하지 않고, 볼펜끼리도 서로 구별하지 않는다.) [4점]

(가) 여학생이 각각 받는 연필의 개수는 서로 같고, 남학생이 각각 받는 볼펜의 개수도 서로 같다.
(나) 여학생은 연필을 1자루 이상 받고, 볼펜을 받지 못하는 여학생이 있을 수 있다.
(다) 남학생은 볼펜을 1자루 이상 받고, 연필을 받지 못하는 남학생이 있을 수 있다.

한 모서리의 길이가 1인 $n \times n \times n$개의 동일한 정육면체를 붙여 한 모서리의 길이가 n인 정육면체를 만들었다. 예를 들어 $n=2$인 경우는 다음 그림과 같다.

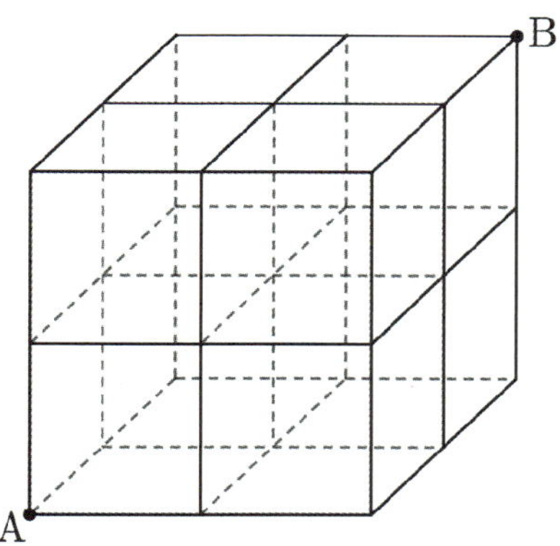

한 모서리의 길이가 n인 정육면체의 꼭짓점 A에서 출발하여 길이가 1인 정육면체들의 모서리를 따라 B지점까지 최단 거리로 가는 방법 중 출발 후 이동 방향을 4번 바꾸는 방법의 수를 a_n이라 하자. $a_6 - a_3$의 값을 구하시오. (내부의 모서리 및 점을 모두 지나갈 수 있으며, 방향을 두 번 바꾸는 최단 거리의 경로의 수는 6이다.) [4점]

화랑이가 투호 던지기(민속놀이)를 하고 있다. 5개의 투호살(긴 막대기)을 1부터 4까지 각각 하나씩 적힌 4개의 빈 통에 넣으려고 한다. 투호살이 통에 모두 들어갈 때까지 시행을 반복할 때, 투호살이 들어간 통에 적힌 수의 합이 6이상 9이하가 되도록 투호살을 통에 넣는 경우의 수를 구하시오. (단, 투호살은 구분하지 않고 투호살이 하나도 들어가지 않은 통이 있을 수 있다. 또한 화랑이가 투호살을 통에 영원히 넣지 못하는 경우는 생각하지 않는다.) [4점]

48 집합 $X = \{1, 2, 3, 4, 5, 6\}$에 대하여 다음 조건을 만족시키는 함수 $f : X \to X$ 의 개수를 구하시오. [4점]

> (가) $f(1) \times f(4)$의 값은 4보다 작다.
> (나) $x < 4$이면 $f(x) \leq f(1)$이다.
> (다) $x \geq 4$이면 $f(x) \geq f(4)$이다.

49 $\displaystyle\sum_{k=0}^{6} \left({}_6\mathrm{C}_k\right)^2$의 값이 $(1+x)^{12}$의 전개식에서 x^n의 계수 a와 같을 때, $n+a$의 값을 구하시오.

[4점]

경우의 수

50 $\left(\dfrac{1}{4}x^2+\dfrac{1}{2}x+1+\dfrac{2}{x}+\dfrac{4}{x^2}\right)^4$ 의 전개식에서 상수항을 구하시오. [4점]

랑데뷰
N 제

하루 중 90%는 겸손하게 10%는 자신있게...

확률

51 다음 그림은 일곱 개의 숫자 1, 2, 3, 4, 5, 6, 7이 하나씩 적혀 있는 일곱 장의 카드를 모두 한 번씩 사용하여 일렬로 나열 할 때, 이웃한 두 장의 카드 중 왼쪽 카드에 적힌 수가 오른쪽 카드에 적힌 수보다 큰 경우가 두 번만 나타난 예이다.

$$\boxed{2}\;\boxed{1}\;\boxed{3}\;\boxed{5}\;\boxed{4}\;\boxed{6}\;\boxed{7}$$

이 일곱 장의 카드를 모두 한 번씩 사용하여 임의로 일렬로 나열할 때, 카드 1의 좌, 우에는 각각 적어도 한 장의 카드가 있고 이웃한 두 장의 카드 중 왼쪽 카드에 적힌 수가 오른쪽 카드에 적힌 수보다 큰 경우가 두 번만 나타날 확률은 $\dfrac{q}{p}$이다. $p+q$의 값을 구하시오. (단, p와 q는 서로소인 자연수이다.) [4점]

52 집합 $X = \{\, x \mid x$는 36의 양의 약수 $\}$의 모든 부분집합 중에서 임의로 선택한 한 집합을 A라 할 때, 집합 A가 다음 조건을 만족시킬 확률은? [4점]

(가) $n(A) \geq 3$

(나) $B = \{\, x \mid x$는 18의 양의 약수 $\}$일 때, 집합 A와 집합 B는 서로소가 아니다.

---

① $\dfrac{231}{256}$　　② $\dfrac{463}{512}$　　③ $\dfrac{29}{32}$　　④ $\dfrac{465}{512}$　　⑤ $\dfrac{233}{256}$

집합 $X = \{1,\ 2,\ 3,\ 4,\ 5\}$에서 X로의 함수 중에서 선택한 함수 f가 다음 조건을 만족시킬 확률은 $\dfrac{q}{p}$이다. $\dfrac{1}{5}p + q$의 값을 구하시오. (단, p, q는 서로소인 자연수이다.) [4점]

(가) $x_1 \in X$, $x_2 \in X$인 x_1, x_2에 대하여 $x_1 \neq x_2$이면 $f(x_1) \neq f(x_2)$이다.

(나) $f(n+2) - f(n) = 3$인 $n \in X$인 n이 존재한다.

다음 그림과 같이 12개의 의자가 3개씩 4열로 놓여 있다. 네 명의 학생이 임의로 각각 한 개의 의자에 앉을 때, 어느 두 학생도 앞뒤 또는 옆으로 서로 이웃하지 않을 확률은? (단, 앞뒤 또는 옆으로 서로 이웃하는 의자들은 같은 간격으로 놓여 있다.) [4점]

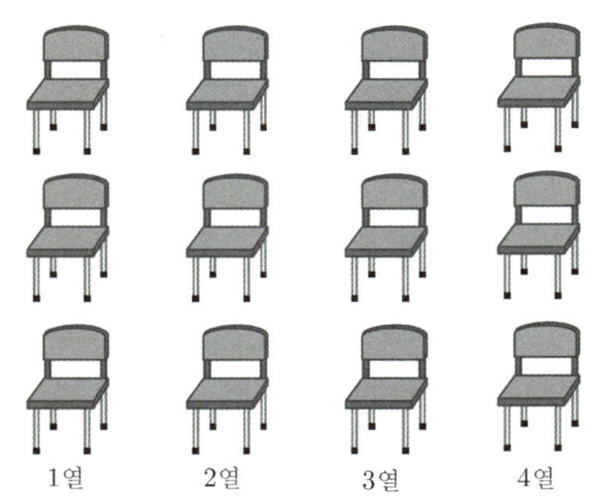

① $\dfrac{51}{495}$　　② $\dfrac{61}{495}$　　③ $\dfrac{71}{495}$　　④ $\dfrac{1}{5}$　　⑤ $\dfrac{91}{495}$

자연수 전체의 집합에서 정의된 함수

$$f(x) = \begin{cases} 0 & (x\text{는 5의 약수}) \\ 1 & (x\text{는 5의 약수가 아닌 수}) \end{cases}$$

와 음이 아닌 정수 n에 대하여 다음 조건을 만족시키는 점 P_n의 좌표를 (x_n, y_n)이라 하자.

(가) $x_0 = 0$, $y_0 = 0$

(나) 두 개의 주사위 A, B를 동시에 던져 k번째 나온 주사위 A의 눈의 수를 a_k, 주사위 B의 눈의 수를 b_k라 할 때, $x_k = x_{k-1} + f(a_k)$, $y_k = y_{k-1} + f(b_k)$이다.

두 개의 주사위 A, B를 동시에 5번 던진 후 점 P_5의 좌표가 $(2, 4)$이 될 확률은? [4점]

① $\dfrac{40}{3^4}$ ② $\dfrac{100}{3^6}$ ③ $\dfrac{1000}{3^8}$ ④ $\dfrac{2300}{3^{10}}$ ⑤ $\dfrac{3200}{3^{10}}$

56 어느 과수원에서 생산한 사과 40개, 배 60개, 참외 80개의 무게를 조사한 결과는 다음과 같다.

(단위 : 개)

무게＼과일	500 g 이상	500 g 미만	합계
사과	a	b	40
배	c	a	60
참외	d	$2a$	80
합계			180

이 조사에서 무게를 측정한 180개의 과일 중 임의로 선택한 1개의 과일이 사과일 때, 이 사과의 무게가 500 g 이상일 확률을 p_1이라 하고, 이 조사에서 무게를 측정한 180개의 과일 중 임의로 선택한 1개의 과일의 무게가 500 g 미만일 때, 이 과일이 사과가 아닐 확률을 p_2라 하자.

$p_1 + p_2 = \dfrac{5}{4}$ 이다. 이 조사에서 무게를 측정한 180개의 과일 중 임의로 선택한 1개의 과일의 무게가 500 g 이상일 때, 이 과일이 배일 확률은 p이다. $20p$의 값을 구하시오. (단, a, b, c, d는 상수이다.) [4점]

57   1, 2, 3의 번호가 하나씩 적혀 있는 세 상자에 각각 n개의 공이 들어 있다. 각 상자에는 상자에 적혀 있는 번호만큼 흰 공이 들어 있고, 나머지는 검은 공이 들어 있다. 1번 상자에서 임의로 2개의 공을 동시에 꺼내어 꺼낸 공을 각각 2번 상자와 3번 상자에 임의로 한 개씩 넣는다. 이때, 1번 상자에서 꺼낸 2개의 공에 흰 공이 포함되어 있으면 2번 상자에서 임의로 한 개의 공을 꺼내고, 1번 상자에서 꺼낸 2개의 공이 모두 검은 공이면 3번 상자에서 임의로 한 개의 공을 꺼내기로 한다. 마지막에 꺼낸 공이 흰 공이었을 때, 1번 상자에서 꺼낸 공에 흰 공이 포함되어 있었을 확률은? (단, $n \geq 4$) [4점]

① $\dfrac{1}{3n-1}$ ② $\dfrac{2}{3n-1}$ ③ $\dfrac{3}{3n-1}$ ④ $\dfrac{4}{3n-1}$ ⑤ $\dfrac{5}{3n-1}$

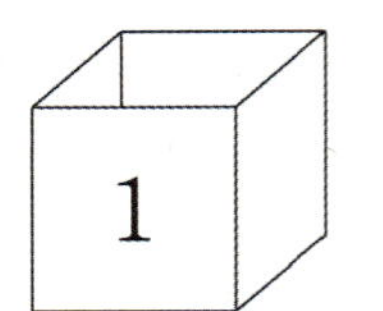

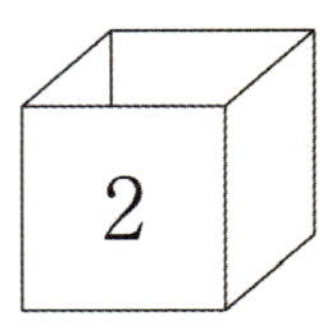

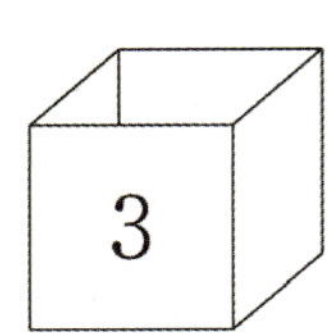

58 2 이상의 자연수 n에 대하여 1부터 n까지의 자연수 중에서 임의로 한 개를 택할 때, 짝수를 택하는 사건을 A, 10의 약수를 택하는 사건을 B라 하자. 두 사건 A와 B가 서로 독립이 되도록 하는 자연수 n의 값을 작은 것부터 차례로 a_1, a_2, a_3, $\cdots$이라 할 때, $\displaystyle\sum_{k=1}^{20} a_k$의 값을 구하시오. [4점]

59 30의 양의 약수 중에서 중복을 허용하여 임의로 선택한 세 수의 곱이 60의 배수일 때, 이 세수의 곱이 900의 배수일 확률은 $\dfrac{q}{p}$ 이다. $p+q$ 의 값을 구하시오. (단, p와 q는 서로소인 자연수이다.)

[4점]

숫자 1, 2, 3이 하나씩 적혀 있는 흰 공 3개와 숫자 1, 2가 각각 2개씩 적혀 있는 검은 공 4개가 들어 있는 주머니가 있다. 이 주머니에서 임의로 한 개의 공을 꺼내어 공에 적혀 있는 수를 점수로 얻고 꺼낸 공은 주머니에 다시 넣는 시행을 한다. 이 시행을 3번 반복하여 얻은 3개의 점수의 합이 5일 때, 꺼낸 3개의 공 중에서 검은 공이 2개 이상 있을 확률은 p이다. $24p$의 값을 구하시오. [4점]

61 숫자 0, 0, 1, 1, 2, 2이 하나씩 적혀 있는 6개의 공이 들어 있는 주머니가 있다. 이 주머니에서 한 개의 공을 임의로 꺼내어 공에 적힌 수를 확인한 후 다시 넣지 않는다. 이와 같은 시행을 6번 반복할 때, k $(1 \le k \le 6)$번째 꺼낸 공에 적힌 수를 a_k라 하자. 두 자연수 m, n을

$$m = a_1 + a_2 \times 10 + a_3 \times 100$$
$$n = a_4 + a_5 \times 10 + a_6 \times 100$$

이라 할 때, $m \ge n$일 확률은 $\dfrac{q}{p}$이다. $p+q$의 값을 구하시오. (단, p와 q는 서로소인 자연수이다.) [4점]

62 집합 $X = \{1,\ 2,\ 3,\ 4, 5\}$의 공집합이 아닌 모든 부분집합 31개 중에서 임의로 서로 다른 세 부분집합을 뽑아 임의로 일렬로 나열하고, 나열된 순서대로 A, B, C 라 할 때, $A \subset B \subset C$ 일 확률은? [4점]

① $\dfrac{9}{899}$ ② $\dfrac{10}{899}$ ③ $\dfrac{11}{899}$ ④ $\dfrac{12}{899}$ ⑤ $\dfrac{13}{899}$

좌표평면의 원점에 점 A가 있다. 한 개의 주사위를 사용하여 다음 시행을 한다.

> 주사위를 한 번 던져 홀수가 나오면 점 A를 x축의 양의 방향으로 나온 수 만큼, 짝수가 나오면 점 A를 y축의 양의 방향으로 나온 수 만큼 이동시킨다.

위의 시행을 4번 반복한 후의 점 A의 좌표를 $(x,\ y)$라 하자. 홀수가 적어도 3번 나오면서 부등식 $y \leq x$를 만족시킬 확률은? [4점]

① $\dfrac{345}{1296}$
② $\dfrac{355}{1296}$
③ $\dfrac{365}{1296}$
④ $\dfrac{375}{1296}$
⑤ $\dfrac{385}{1296}$

64 한 개의 주사위를 세 번 던져 나온 눈의 수를 a, b, c $(a \le b \le c)$라 하자.

$|a-b|+|b-c|+|c-a|$가 4의 배수일 확률은 $\dfrac{q}{p}$이다. $p+q$의 값을 구하시오. (단, p, q는 서로소인 자연수이다.) [4점]

65 전체집합 $U = \{1, 2, 3, 4, 5\}$의 부분집합 중에서 임의로 선택한 두 부분집합 A, B 가 다음 조건을 만족시킨다.

(가) $A \cap B \neq \varnothing$
(나) $1 \in A$, $2 \in B$

이때, 집합 B의 원소의 개수가 3일 확률은 $\dfrac{q}{p}$이다. $p + q$의 값을 구하시오. (단, p와 q는 서로소인 자연수이다) [4점]

직사각형 ABCD에서 선분 AB 위에 A, B가 아닌 서로 다른 5개의 점과 선분 CD 위에 C, D가 아닌 서로 다른 5개의 점이 있다. 각 선분 AB와 선분 CD 위의 점에서 각각 임의로 하나씩 선택하여 선분으로 연결한다. 선분 AB 위의 서로 다른 5개의 점 중 선택되어 선분으로 연결된 점은 다시 선택되지 않고 선분 CD 위의 점은 중복 선택 가능하다. 이러한 방법에 따라 5개의 선분을 그었을 때, 직사각형 ABCD가 추가된 5개의 선분에 의하여 나누어진 영역의 개수가 7일 확률이 $\dfrac{a}{5^5}$ 이다. a의 값을 구하시오. (단, a는 자연수이다.) [4점]

67 서로 다른 주사위 2개를 동시에 던져 나온 두 눈의 수의 곱이 15이상 m이하인 사건을 A, 서로 다른 주사위 2개를 동시에 던져 나온 두 눈의 수의 합이 짝수인 사건을 B라 하자. 두 사건 A와 B가 서로 독립이 되도록 하는 모든 m의 값의 합을 구하시오. (단, m은 15보다 큰 자연수이다.) [4점]

68 세 집합

$$X = \{1,\, 2,\, 3,\, 4\}, \quad Y = \{1,\, 2,\, 3\}$$

에 대하여 다음 조건을 만족시키는 두 함수 $f : X \to Y$, $g : Y \to Y$의 모든 순서쌍 $(f,\, g)$ 중에서 하나를 선택할 때, $g \circ f$의 치역이 Y일 확률은 $\dfrac{q}{p}$이다. $p + q$의 값을 구하시오. (단, $p,\ q$는 서로소인 자연수이다.) [4점]

(가) 집합 X의 임의의 두 원소 $a,\ b$에 대하여 $a < b$이면 $f(a) \le f(b)$이다.
(나) 집합 X의 임의의 두 원소 $a,\ b$에 대하여 $a < b$이면 $g(f(a)) \ge g(f(b))$이다.

69 다음 그림과 같이 원탁 위에 1부터 6까지 자연수가 하나씩 적혀 있는 6개의 접시가 놓여 있고
정사각형 탁자에는 각 변의 중간에 1부터 4까지 자연수가 하나씩 적혀 있는 4개의 접시가 놓여
있다. 간식으로 사과와 배를 각 접시에 담으려고 한다. 같은 종류의 사과 9개는 원탁의 접시 위에
담고 같은 종류의 배 9개는 정사각형 모양의 탁자에 담는다고 한다. 1부터 6까지 적혀 있는
정육면체의 주사위와 1부터 4까지 적혀 있는 정사면체 모양의 주사위가 있다. 두 주사위를 던져
나온 정육면체 주사위의 눈은 원탁의 접시와 그 양 옆의 접시 위에 3개의 사과를, 정사면체
주사위의 눈은 정사각형 탁자의 접시에 적혀 있는 접시와 그 접시에 이웃하는 양 옆의 접시 위에
3개의 배를 각각 1개씩 담는 시행을 한다. 이 시행을 3번 반복하여 9개의 사과와 9개의 배를
모두 접시 위에 담을 때, 두 탁자의 모든 접시 위에 각각 한 개 이상의 간식이 담겨 있을 확률은?
[4점]

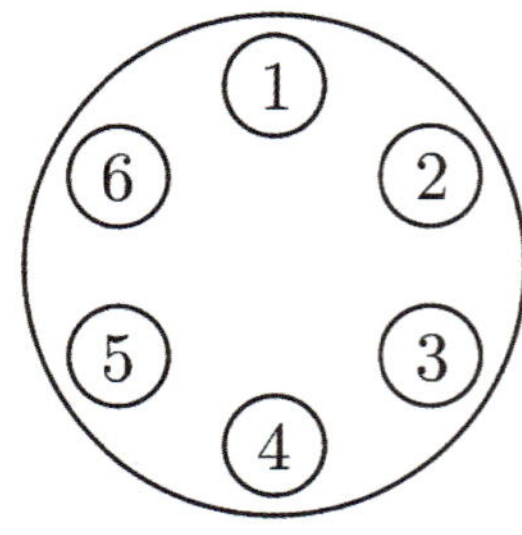 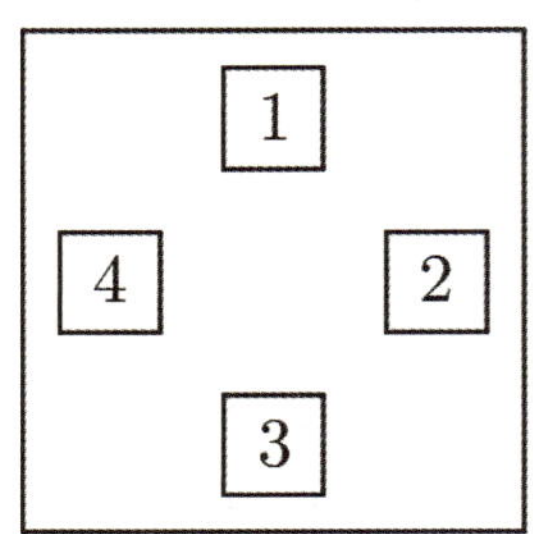

① $\dfrac{83}{192}$ ② $\dfrac{251}{576}$ ③ $\dfrac{253}{576}$ ④ $\dfrac{85}{192}$ ⑤ $\dfrac{257}{576}$

70 상자 A와 상자 B에는 각각 10개씩 공이 들어 있고, 상자에 들어 있지 않은 공 28개가 있다.
주사위 한 개를 사용하여 다음 시행을 7번 반복한다.

> 한 개의 주사위를 한 번 던져 3의 배수의 눈이 나오면
> 상자 A에서 공 2개를 꺼내어 상자 B에 넣고, 3의 배수의 눈이 나오지 않으면 공 4개를 두
> 상자 A, B에 각각 2개씩 넣는다.

상자 B에 들어 있는 공의 개수가 7번째 시행 후 처음으로 상자 A에 들어 있는 공의 개수의
3배가 될 확률은? [4점]

① $\dfrac{190}{3^7}$　　② $\dfrac{184}{3^7}$　　③ $\dfrac{175}{3^7}$　　④ $\dfrac{166}{3^7}$　　⑤ $\dfrac{158}{3^7}$

71 전체집합 $X = \{1,\ 2,\ 3,\ 4\}$의 공집합이 아닌 모든 부분집합 15개가 각각 적힌 크기와 모양이 같은 카드 15장이 들어있는 주머니가 있다. 이 주머니에서 카드를 한 장씩 두 번 꺼낼 때, 첫 번째 카드에 적힌 집합을 A, 두 번째 카드에 적힌 집합을 B라고 하자. $A \not\subset B$이고, $B \not\subset A$일 확률은 $\dfrac{q}{p}$이다. $p+q$의 값을 구하시오. (단, 꺼낸 카드는 다시 넣고 p, q는 서로소인 자연수이다.) [4점]

72 등식 $abcd = 2520$을 만족하는 네 자연수 a, b, c, d의 모든 순서쌍 (a, b, c, d)중 하나를 뽑을 때, $a \geq 2$일 확률은 $\dfrac{q}{p}$이다. $p+q$의 값을 구하시오. [4점]

73 100보다 작은 두 자리 자연수 중 임의로 서로 다른 두 자연수를 동시에 선택할 때, 선택된 두 자연수의 합이 100보다 작을 확률은 $\dfrac{q}{p}$이다. $p-q$의 값을 구하시오. (단, p, q는 서로소인 자연수이다.) [4점]

74 상자 A 와 상자 B 에 각각 6 개의 공이 들어 있다. 주사위 1 개를 사용하여 다음 시행을 한다.

주사위를 한 번 던져 6의 약수가 나오면 상자 A 에서 공 1 개를 꺼내어 상자 B 에 넣고, 6의 약수가 아닌 수가 나오면 상자 B 에서 공 1 개를 꺼내어 상자 A 에 넣는다.

위의 시행을 8번 반복할 때, 상자 B 에 들어 있는 공의 개수가 8번째 시행 후 처음으로 8 이 될 확률은? [4점]

① $\dfrac{460}{3^8}$ ② $\dfrac{448}{3^8}$ ③ $\dfrac{460}{3^7}$ ④ $\dfrac{448}{3^7}$ ⑤ $\dfrac{160}{3^7}$

75 숫자 $1, 2, 3, 4, 5, 6$ 중에서 중복을 허락하여 다섯 개를 다음 조건을 만족시키도록 선택한 후, 일렬로 나열하여 만들 수 있는 모든 다섯 자리의 자연수 중에서 각 자리의 숫자 중 짝수의 개수가 3개 이상일 확률이 $\dfrac{q}{p}$일 때, $p+q$의 값을 구하시오. (단, p, q는 서로소인 자연수이다.) [4점]

(가) 각각의 홀수는 선택하지 않거나 한 번만 선택한다.
(나) 각각의 짝수는 선택하지 않거나 두 번만 선택한다.

76 다음 그림과 같이 가장 높은 곳에 공을 놓으면 갈림길을 따라 내려오다가 4개의 출구 중에서 한 개의 출구로 빠지는 비탈면이 있다. 4개의 출구에 한 개의 공만 들어갈 수 있는 상자에 1, 2, 3, 4를 놓고 숫자 1, 2, 3, 4가 적혀 있는 모양과 크기가 같은 공을 비탈면 가장 높은 곳에 1, 2, 3, 4 순서로 한 개씩 놓을 때, 상자 k에 들어간 공에 적힌 수를 $f(k)$라 하자.

$$f(k) = k \ (\text{단}, \ k = 1, \ 2, \ 3, \ 4)$$

을 만족하는 k의 개수가 2일 때, $f(1) = 1$인 확률은 $\dfrac{q}{p}$이다. $p - q$의 값을 구하시오. (단. p, q는 서로소인 자연수이고 갈림길에서 각 길을 따라 공이 내려갈 확률은 $\dfrac{1}{2}$로 서로 같다. 상자에 들어간 공을 상자에서 꺼내고 번호를 확인한 뒤 네 상자가 모두 비어있을 때 다른 공을 비탈면 상단에 놓는다.) [4점]

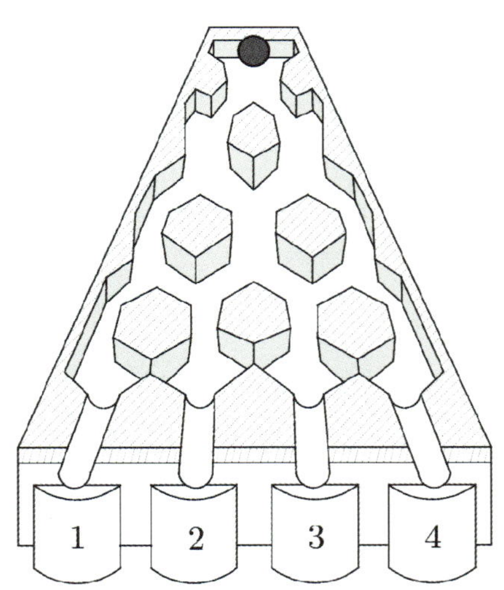

77 두 집합 $A = \{1,\ 2,\ 3,\ 4\}$, $B = \{1,\ 2,\ 3\}$에 대하여 다음 조건을 만족하도록 A에서 B로의 모든 함수 f중에서 임의로 하나를 선택하고, A에서 A로의 모든 함수 g중에서 임의로 하나를 선택할 때, 함수 f의 치역을 C, 함수 g의 치역을 D 라 하자. 이때, $n(C \cap D) \leq 2$일 확률은 $\dfrac{q}{p}$이다. $p+q$의 값을 구하시오. (단, $p,\ q$는 서로소인 자연수이다.) [4점]

$f(1) \geq 2$ 이고, $g(1)$은 소수이다.

A, B 두 사람이 각각 3개씩 공을 가지고 다음 시행을 한다.

> A, B 두 사람이 동전을 한 번씩 던져 앞면이 나온 사람은 상대방으로부터 공을 한 개 받는다.

5번째 시행 후 A가 가진 공이 없게 될 확률은? (단, p와 q는 서로소인 자연수이고 한 사람이라도 공이 없게 되면 시행을 멈춘다.) [4점]

① $\dfrac{23}{1024}$ ② $\dfrac{3}{256}$ ③ $\dfrac{25}{1024}$ ④ $\dfrac{13}{512}$ ⑤ $\dfrac{27}{1024}$

한 개의 주사위를 던져서 다음과 같은 방법으로 상자에 구슬을 넣거나 상자에서 구슬을 꺼내는 시행을 한다.

(가) 상자에 들어 있는 구슬이 $n\,(n=1,2,3,4,5)$개일 때, 주사위를 던져서 나온 눈의 수가 n보다 크면 상자에 한 개의 구슬을 넣고, n보다 작거나 같으면 상자에서 한 개의 구슬을 꺼낸다.

(나) 상자에 들어 있는 구슬이 없거나 6개가 되면 시행을 끝낸다.

상자에 1개의 구슬이 들어 있는 상태에서 이 시행을 시작하여 주사위를 5번 던져서 이 시행이 끝났을 때, 상자 속에 구슬이 없을 확률은? [4점]

① $\dfrac{9}{17}$ ② $\dfrac{10}{17}$ ③ $\dfrac{11}{17}$ ④ $\dfrac{12}{17}$ ⑤ $\dfrac{13}{17}$

다음 그림과 같은 회로도에서 4개의 스위치 S_1, S_2, S_3, S_4가 닫힐 확률은 각각 $\dfrac{1}{3}$이다. X 지점에서 Y 지점으로 전류가 흘렀을 때, S_3가 닫히지 않았을 확률은? (단, 각 스위치는 독립적으로 작동한다.) [4점]

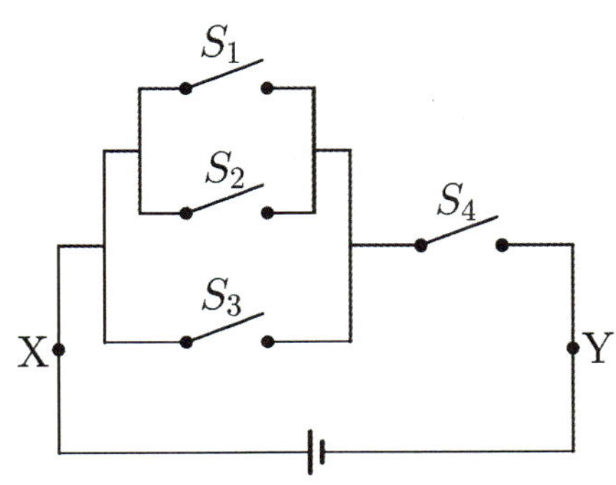

① $\dfrac{9}{19}$ ② $\dfrac{10}{19}$ ③ $\dfrac{11}{19}$ ④ $\dfrac{12}{19}$ ⑤ $\dfrac{13}{19}$

81

서로 다른 네 주머니에는 숫자 1, 2, 3, 4가 하나씩 적힌 4개의 공이 각각 들어 있다. 갑이 서로 다른 네 주머니에서 각각 공을 한 개씩 임의로 꺼낸 후, 을도 서로 다른 네 주머니에서 각각 공을 한 개씩 임의로 꺼낸다. 갑이 꺼낸 4개의 공에 적힌 숫자를 a_1, a_2, a_3, a_4 $(a_1 \geq a_2 \geq a_3 \geq a_4)$이라 하고 을이 꺼낸 4개의 공에 적힌 숫자를 크기순으로 b_1, b_2, b_3, b_4 $(b_1 \geq b_2 \geq b_3 \geq b_4)$이라 할 때, $a_i \neq b_i$인 i $(i = 1, 2, 3, 4)$가 존재할 확률은 $\dfrac{q}{p}$ 이다.

$p + q$의 값을 구하시오. (단, 꺼낸 공은 주머니에 다시 넣지 않고 p, q는 서로소인 자연수이다.)
[4점]

82 빨간색 공 5 개, 파란색 공 4개, 노란색 공 3개가 들어 있는 주머니가 있다. 이 주머니에서 임의로 한 개의 공을 꺼내는 시행을 하여, 다음 규칙에 따라 세 사람 A, B, C가 점수를 얻는다.

> (가) 빨간색 공이 나오면 A는 3점, B는 2점, C는 1점을 얻는다.
> (나) 파란색 공이 나오면 A는 1점, B는 3점, C는 2점을 얻는다.
> (다) 노란색 공이 나오면 A는 2점, B는 1점, C는 4점을 얻는다.

이 시행을 계속하여 얻은 점수의 합이 처음으로 20점 이상인 사람이 나오면 시행을 멈춘다. 얻은 점수의 합이 20점 이상인 사람이 A뿐일 확률은 $\dfrac{q}{p}$이다. $p-q$의 값을 구하시오. (단, 한 번 꺼낸 공은 다시 주머니에 넣지 않고 p, q는 서로소인 자연수이다.) [4점]

83 1부터 10까지 자연수가 하나씩 적힌 열 개의 공이 들어 있는 상자가 있다. 이 상자 안의 공들을 잘 섞은 후에 차례로 두 개의 공을 꺼낼 때, 두 번째 꺼낸 공에 적힌 수가 처음 꺼낸 공에 적힌 수보다 큰 수일 확률은? (단, 꺼낸 공은 다시 넣지 않는다) [4점]

① $\dfrac{1}{2}$　　② $\dfrac{1}{3}$　　③ $\dfrac{1}{4}$　　④ $\dfrac{1}{5}$　　⑤ $\dfrac{1}{6}$

84 예지, 채연, 가은이가 이 순서로 주사위를 던져 가장 먼저 6이 나오는 사람이 자장면, 탕수육 세트

25,000원을 지불하는 내기를 하였다. 세 명 모두 6번씩 던지기로 하고 총 18회를 던져도 6이
나오지 않을 때는 주사위 던지기를 그만두기로 하였다. 예지가 가장 먼저 6이 나왔을 때, 예지가
주사위를 4회 이상 던졌을 확률은? [4점]

① $\dfrac{\left(\frac{5}{6}\right)^6}{1+\left(\frac{5}{6}\right)^9}$

② $\dfrac{\left(\frac{5}{6}\right)^6}{1+\left(\frac{5}{6}\right)^6}$

③ $\dfrac{\left(\frac{5}{6}\right)^3}{1+\left(\frac{5}{6}\right)^9}$

④ $\dfrac{\left(\frac{5}{6}\right)^9}{1+\left(\frac{5}{6}\right)^9}$

⑤ $\dfrac{\left(\frac{5}{6}\right)^9}{1+\left(\frac{5}{6}\right)^{12}}$

85 주머니에 숫자 1, 2, 3, 4가 하나씩 적혀 있는 흰 공 4개와 숫자 3, 4, 5, 6이 하나씩 적혀있는 검은 공 4개가 들어 있다. 주사위를 던져서 1, 2 중 하나가 나오면 주머니에서 2개의 공을 꺼내고 3, 4, 5, 6 중 하나가 나오면 4개의 공을 꺼내는 시행을 한다. 이 시행에서 꺼낸 공에 적혀 있는 수가 같은 것이 있을 때, 꺼낸 공 중 검은 공이 2개일 확률은 $\dfrac{q}{p}$이다. $p+q$의 값을 구하시오. (단, p, q는 서로소인 자연수이다.) [4점]

86 6보다 작은 자연수인 k에 대하여 1부터 k까지의 눈이 있는 면에는 V 표시를 하고 $k+1$부터 6까지의 눈이 있는 면에는 표시를 하지 않은 주사위가 있다. 이 주사위를 한 번 던질 때 짝수가 나오는 사건과 V 표시한 면이 나오는 사건이 서로 독립이 되도록 하는 모든 k의 값의 합을 구하시오. [4점]

87 숫자 2, 3, 3, 4, 4, 4가 한 면에 하나씩 적힌 주사위 A와 숫자 1, 2, 3, 4, 5, 6이 한 면에 하나씩 적힌 주사위 B가 있다. 주사위 A를 던져 나온 수만큼 주사위 B를 던져서 나오는 눈의 수의 합을 점수로 한다. 이 시행을 한 번 하여 얻은 점수가 9점일 확률은? [4점]

① $\dfrac{5}{72}$　　　② $\dfrac{47}{648}$　　　③ $\dfrac{49}{216}$　　　④ $\dfrac{17}{216}$　　　⑤ $\dfrac{53}{648}$

88 자연수 n에 대하여 집합

$$X = \{x \mid 1 \leq x \leq n,\ x\text{는 자연수}\}$$

의 모든 원소 중 임의로 1개를 선택할 때, 2의 배수가 나오는 사건을 A, 3의 배수가 나오는 사건을 B라 하자. 다음 조건을 만족시키도록 하는 모든 n의 개수를 구하시오. [4점]

(가) n은 세 자리 수이며 짝수이다.

(나) 두 사건 A와 B가 서로 독립이다.

---

89 다음 그림과 같이 주머니에 1, 2, 3, 4, 5, 6의 숫자가 하나씩 적혀 있는 6장의 카드가 들어 있다. 다음 조건을 만족시키면서 이 주머니에서 임의로 1장의 카드를 뽑아 카드에 적힌 수를 확인하고 뽑은 카드를 주머니에 다시 넣을 때, 카드 뽑기를 중단할 때까지 3의 배수가 적힌 카드가 나올 확률은 $\dfrac{a}{3 \times 6^4}$ 이다. 상수 a의 값은? [4점]

(가) 첫 번째 뽑은 카드에 적힌 수가 3의 배수가 아니면 카드를 계속 뽑고 뽑은 카드에 적힌 수가 3의 배수이면 카드 뽑기를 중단한다.

(나) n번째 뽑은 카드에 적힌 수가 3의 배수이거나 $(n-1)$번째 뽑은 카드에 적힌 수보다 작거나 같으면 카드 뽑기를 중단하고 그렇지 않은 경우에는 카드를 한 번 더 뽑는다. (단, $n \geq 2$)

① 1861　　② 1201　　③ 1801　　④ 2401　　⑤ 4595

랑데뷰
N 제

하루 중 90%는 겸손하게 10%는 자신있게...

3

통계

90 좌표평면 위의 한 점 $(x,\ y)$에서 세 점 $(x+1,\ y)$, $(x,\ y+1)$, $(x+1,\ y+1)$ 중 한 점으로 이동하는 것을 점프라 하자. 점프를 반복하여 점 $(0,\ 0)$에서 점 $(4, 5)$까지 이동하는 모든 경우 중에서, 임의로 한 경우를 선택할 때 나오는 점프의 횟수를 확률변수 X라 하자.

$\mathrm{P}(X=5)=\dfrac{q}{p}$ 이다. (단, 각 경우가 선택되는 확률은 동일하고 p, q는 서로소인 자연수이다.)

[4점]

다음 그림과 같이 가장 높은 곳에 구슬을 놓으면 갈림길을 따라 내려오다가 4개의 출구 중에서 한 개의 출구로 빠지는 비탈면이 있다. 4개의 출구에 상자 A, B, C, D를 놓고 입구에 한 개의 구슬을 놓는 시행을 4회 반복할 때, 구슬이 나온 서로 다른 상자의 개수를 확률변수 X라 하자. $\mathrm{E}(X)$의 값은? $\left(\text{단, 갈림길에서 각 길을 따라 구슬이 내려갈 확률은 } \dfrac{1}{2} \text{으로 서로 같다.}\right)$ [4점]

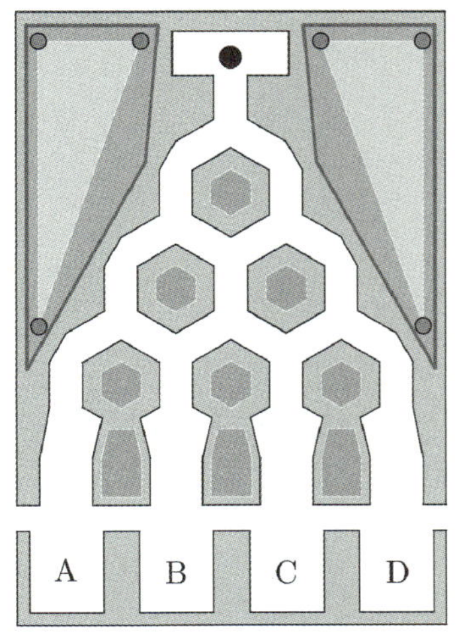

① $\dfrac{2579}{1024}$ ② $\dfrac{645}{256}$ ③ $\dfrac{2581}{1024}$ ④ $\dfrac{1291}{512}$ ⑤ $\dfrac{2583}{1024}$

주머니에 서로 다른 6개의 수 a, b, c, d, e, f 가 하나씩 적혀있는 크기와 모양이 같은 6개의 공이 들어있다. 이 6개의 수 a, b, c, d, e, f 가 이 순서대로 등차수열을 이루고 $a+f=10$ 일 때, 이 주머니에서 임의로 2개의 공을 동시에 꺼내어 공에 적힌 수를 확인한 후 다시 주머니에 집어넣는 시행을 100번 반복한다. 꺼낸 공에 적힌 두 수의 합이 10인 횟수를 확률변수 X 라 할 때, 등식 $V(kX) = E(X^2)$ 이 성립하도록 하는 양수 k 에 대하여 k^2 의 값을 구하시오. [4점]

93

1부터 n까지의 자연수가 하나씩 적혀 있는 n장의 카드가 있다. 이 카드 중에서 임의로 서로 다른 5장의 카드를 선택할 때, 선택한 카드 5장에 적힌 수 중 가장 큰 수를 확률변수 X라 하자.

$\mathrm{E}(X) = \dfrac{q}{p}(n+1)$일 때, $p+q$의 값을 구하시오. (단, $n \geq 5$, p, q는 서로소인 자연수이다.)

[4점]

94 주머니 속에 자연수 $1,\ 2,\ 3,\cdots,\ k-1,\ k$가 하나씩 적혀있는 공이 각각
$2k-1,\ 2k-3,\ 2k-5,\cdots,\ 3,\ 1$개 씩 들어 있다. 이 주머니에서 임의로 1개의 공을 꺼낼 때,
공에 적혀있는 수를 확률변수 X라 하자. $\mathrm{E}(40X+13)=300$일 때, k의 값을 구하시오. [4점]

95 임의의 네 자리의 자연수에 대하여 천의 자리의 수, 백의 자리의 수, 십의 자리의 수, 일의 자리의 수를 각각 a_1, a_2, a_3, a_4라 하자. 자연수 1, 2, 3, 4, 5중 서로 다른 네 개를 선택하여 한 번씩 사용하여 만들 수 있는 모든 네 자리의 자연수 중에서 임의로 하나의 자연수를 택할 때, 택해진 수에 대하여 $a_i < a_{i+1}$ $(i = 1, 2, 3)$을 만족시키는 a_i의 개수를 확률변수 X라 하자. 예를 들어 택해진 수가 2315이면 $X = 2$이고 5132이면 $X = 1$이다. $\mathrm{V}(6X)$의 값을 구하시오. [4점]

96 m은 홀수, σ는 6이하의 짝수일 때, 정규분포 $\mathrm{N}(m, \sigma^2)$을 따르는 확률변수 X와 표준정규분포 $\mathrm{N}(0, 1)$을 따르는 확률변수 Z가 다음 조건을 만족시킨다.

표준정규분포표	
z	$\mathrm{P}(0 \leq Z \leq z)$
0.5	0.1915
1.0	0.3413
1.2	0.3849
1.5	0.4332
2.0	0.4772

> (가) $\mathrm{P}(16 \leq X \leq 20) < \mathrm{P}(20 \leq X \leq 24)$
>
> (나) $\mathrm{P}(20 \leq X \leq 24) > \mathrm{P}(24 \leq X \leq 28)$
>
> (다) $\mathrm{P}(0 \leq Z \leq 0.5) < \mathrm{P}(20 \leq X \leq 24) < \mathrm{P}(0 \leq Z \leq 1)$

$\mathrm{P}(20 \leq X \leq 26)$의 최댓값을 오른쪽 표준정규분포표를 이용하여 구한 것은? [4점]

① 0.1974   ② 0.2902   ③ 0.3830   ④ 0.3721   ⑤ 0.5468

97 1부터 10까지의 자연수가 하나씩 적힌 10개의 공이 들어 있는 주머니에서 한 개씩 차례로 공을 꺼낸 뒤 적혀 있는 수를 확인하고 다시 공을 주머니에 넣는 시행을 4번 반복하는 게임을 한다. 이 게임을 2000번 반복할 때, 4개의 공에 적혀 있는 수의 최댓값과 최솟값의 곱이 16이 되는 횟수를 X라 하자. $E(X)$의 값을 구하시오. [4점]

98 확률변수 X는 정규분포 $N(m, 2^2)$, 확률변수 Y는 정규분포 $N(m, 4^2)$을 따르고, 확률변수 X와 Y의 확률밀도함수는 각각 $f(x)$와 $g(x)$이다. 두 곡선 $y = f(x)$, $y = g(x)$가 다음 그림과 같고, $f(-\alpha) = g(-\alpha) = f(\alpha) = g(\alpha)$이다.

z	$P(0 \leq Z \leq z)$
0.25	0.0987
0.5	0.1915
0.75	0.2734
1.0	0.3413
1.5	0.4332

두 곡선 $y = f(x)$, $y = g(x)$와 두 직선 $x = -1$, $x = 3$으로 둘러싸인 부분의 넓이를 각각 p_1, p_2라 할 때, $|p_1 - p_2|$의 값을 오른쪽 표준정규분포표를 이용하여 구한 것은? (단, $\alpha > 1$) [4점]

① 0.057 　② 0.067 　③ 0.077 　④ 0.087 　⑤ 0.097

99 그림과 같이 정사각형 모양으로 연결된 도로망이 있다. 이 도로망에서 A 지점에서 출발하여 B 지점까지 최단 거리로 가는 경우에서 임의로 한 가지를 선택할 때, 선택한 경로에서 세 지점 P, Q, R 중 지나는 지점의 개수를 확률변수 X라 하자. $E(35X)$의 값을 구하시오. [4점]

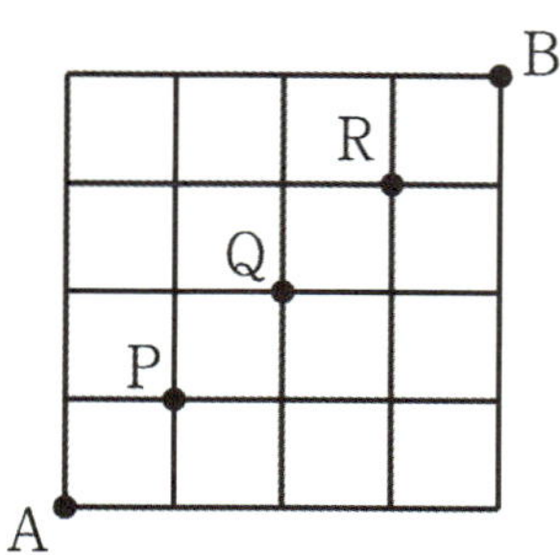

100 연속확률변수 X의 확률밀도함수 $g(x)$ $(-1 \leq X \leq 1)$와 이차함수 $f(x)$에 대하여 관계식

$$\mathrm{P}\left(-1 \leq X \leq x\right) = \int_{-1}^{x} g(t)\,dt = \frac{3f(x)}{1+2f(x)} \quad (\text{단, } -1 \leq X \leq 1)$$

이 성립할 때 $\mathrm{P}\left(-1 \leq X \leq \dfrac{1}{2}\right)$의 값이 $\dfrac{q}{p}$이다. $p+q$의 값을 구하시오. (단, p, q는 서로소인 자연수이고 $y=f(x)$는 x축에 접한다.) [4점]

101 주머니 A 에는 숫자 1, 2, 3이 하나씩 적혀 있는 3개의 공이 들어 있고, 주머니 B 에는 숫자 2, 4, 6이 하나씩 적혀 있는 3개의 공이 들어 있다. 다음의 시행을 3번 반복하여 확인한 세 개의 수의 평균을 $\overline{X}$라 하자.

> 두 주머니 A, B 중 임의로 선택한 하나의 주머니에서 임의로 한 개의 공을 꺼내어 공에 적혀 있는 수를 확인한 후 꺼낸 주머니에 다시 넣는다.

$P\left(\overline{X}=3\right)=\dfrac{q}{p}$ 일 때, $p+q$의 값을 구하시오. (단, p와 q는 서로소인 자연수이다.) [4점]

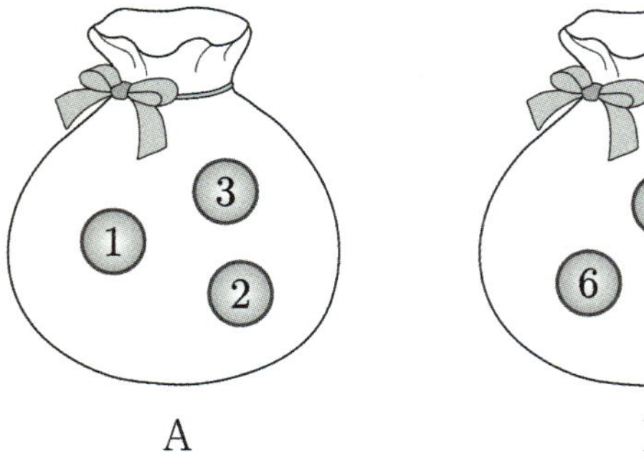

검정, 빨강, 파랑, 노랑 구슬이 각각 하나씩 있다. 이들을 다음 그림과 같이 검정, 빨강, 파랑, 노랑의 푯말이 있는 상자에 임의로 하나씩 넣는다. 구슬의 색과 상자의 푯말이 나타내는 색이 일치하는 상자의 개수를 확률변수 X라 하자. $\mathrm{E}(X)+\mathrm{V}(X)$의 값을 구하시오. [4점]

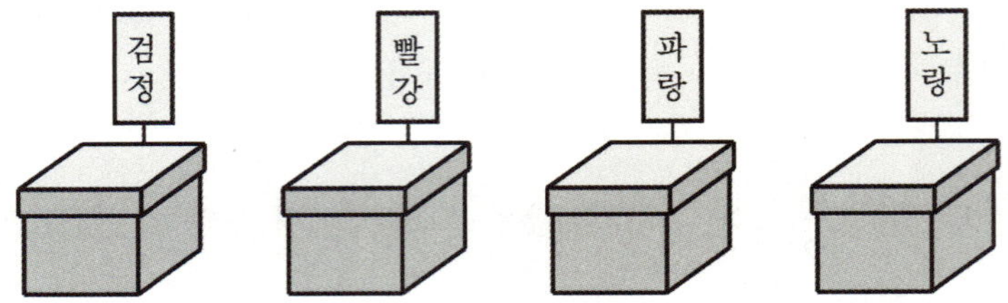

103 비오는 어느 날 A, B, C, D, E 의 5명은 각각 서로 다른 우산인 a, b, c, d, e를 쓰고 있다. 이 5명이 모두 비엔나 커피 하우스에 우산을 맡기고 휴식을 취한 후 돌아갈 때, 자신의 우산을 가져간 사람의 수를 확률변수 X라 하자. $\mathrm{E}(X) + \mathrm{V}(X)$의 값을 구하시오. [4점]

104 1번부터 6번까지의 번호가 있고 한 칸에 한 권의 책만 꽂는 책꽂이에 서로 다른 수학책 3권, 서로 다른 국어책 3권을 꽂으려고 한다. 이 6권의 책 중에서 임의로 한 권을 택하여 번호가 작은 수부터 차례로 모든 책을 책꽂이에 꽂을 때, 수학책이 처음으로 꽂힌 책꽂이 번호를 확률변수 X라 하자. $E(4X)$의 값을 구하시오. [4점]

105 모집단의 확률변수 X가 갖는 값은 1, 2, 3, 4이고, $\mathrm{P}(X=3)=\dfrac{3}{8}$이다. 이 모집단에서 크기가

2인 표본을 임의추출하여 구한 표본평균을 $\overline{X}$라 할 때, $\mathrm{P}\!\left(\overline{X}=\dfrac{7}{2}\right)=\dfrac{3}{16}$, $\mathrm{E}(\overline{X})=\dfrac{11}{4}$이다.

$\mathrm{P}\!\left(\overline{X}=\dfrac{5}{2}\right)$의 값은? [4점]

① $\dfrac{1}{4}$　　② $\dfrac{17}{64}$　　③ $\dfrac{9}{32}$　　④ $\dfrac{5}{16}$　　⑤ $\dfrac{21}{64}$

106 정규분포를 따르는 모집단에서 임의추출한 크기 25인 표본 $x_1, x_2, x_3, \cdots, x_{25}$ 이 다음 조건을
만족시킨다.

$$(가)\ \sum_{n=1}^{25} x_n = 50$$

$$(나)\ \sum_{n=1}^{25} (x_n - 2)^2 = 24$$

이 표본을 이용하여 모평균 m 에 대한 신뢰도 95% 의 신뢰구간의 길이를 l이라 할 때, $1000l$의
값을 구하시오. (단, Z가 표준정규분포를 따르는 확률변수일 때,
$\mathrm{P}\,(0 \leq Z \leq 1.96) = 0.4750$ 으로 계산한다.) [4점]

107 한 개의 주사위를 세 번 던져서 나오는 눈의 수를 차례로 a, b, c라 할 때, $(a-2)(b-3)(c-4)<0$인 사건을 A라 하자. 한 개의 주사위를 세 번 던져는 27회 독립시행에서 사건 A가 일어나는 횟수를 X라 할 때, $\mathrm{V}(9X)$의 값을 구하시오. [4점]

확률변수 X는 평균이 m, 표준편차가 5인 정규분포를 따르고,
확률변수 X의 확률밀도함수 $f(x)$가 다음 조건을 만족시킨다.

표준정규분포표

z	$\mathrm{P}(0 \leq Z \leq z)$
0.6	0.226
0.8	0.288
1.0	0.341
1.2	0.385
1.4	0.419

(가) $f(19) < f(40)$
(나) $f(6) \geq f(56)$

m이 자연수일 때, $\mathrm{P}(26 \leq X \leq 36) = a$이다. 이때, $1000a$의 최댓값을 위 표준정규분포표를 이용하여 구하시오. [4점]

정규분포를 따르는 두 확률변수 X, Y의 확률밀도함수를 $f(x)$, $g(x)$라 할 때, 두 함수 $f(x)$, $g(x)$가 다음 조건을 만족시킨다.

표준정규분포표	
z	$P(0 \leq Z \leq z)$
1.0	0.3413
1.5	0.4332
2.0	0.4772
2.5	0.4938

(가) $f(10-x)=f(10+x)$
(나) 모든 실수 x에 대하여 $g(x)=f(x-10)$

$P(X \geq 8)=0.8413$일 때, $P(a \leq Y \leq b)=0.8185$을 만족시키는 상수 a, b에 대하여 $a+b$의 최댓값을 구하시오. [4점]

110 비엔나 커피 하우스 대구점에서 판매하는 커피의 원두 1개의
무게는 모평균이 m이고 표준편차가 σ인 정규분포를 따른다고
한다. 이 커피 하우스에서 판매하는 원두 중 100개를
임의추출하여 구한 무게의 표본평균의 값이 $\overline{x}$이고, 이를
이용하여 구한 모평균 m에 대한 신뢰도 95 %의 신뢰구간이
$\overline{x}-c \leq m \leq \overline{x}+c$이다. 오른쪽 표준정규분포표를 이용하여
구한 이 커피 하우스에서 판매하는 원두 중 임의추출한 400개의
원두 무게의 평균이 $m+\dfrac{1}{4}c$이상일 확률을 P 라 할 때, 2000P 의
값을 구하시오. (단, 무게의 단위는 mg이다.) [4점]

표준정규분포표

z	$P(0 \leq Z \leq z)$
0.98	0.3365
1.29	0.4015
1.72	0.4573
1.96	0.4750
2.58	0.4950

랑데뷰 N제.

확률과 통계 킬러드길 해설

수능 수학 4점 문항 대비를 위한 필독서

smart is sexy
Orbi.kr

orbibooks

랑데뷰
N 제

킬러극킬

확률과통계

랑데뷰
N   제

하루 중 90%는 겸손하게 10%는 자신있게...

빠른 정답

빠른 정답

1	204	2	192	3	39	4	61	5	84
6	80	7	①	8	37	9	84	10	34

11	231	12	57	13	168	14	75	15	136
16	336	17	350	18	471	19	120	20	149

21	69	22	32	23	230	24	48	25	9
26	136	27	③	28	896	29	35	30	721

31	357	32	269	33	777	34	80	35	25
36	240	37	15	38	45	39	572	40	997

41	85	42	336	43	638	44	781	45	144
46	810	47	32	48	545	49	930	50	85

51	277	52	④	53	657	54	②	55	⑤
56	8	57	⑤	58	492	59	65	60	16

61	23	62	④	63	⑤	64	119	65	319
66	224	67	195	68	92	69	④	70	②

71	67	72	293	73	481	74	②	75	8
76	651	77	23	78	⑤	79	③	80	②

81	379	82	783	83	①	84	④	85	97
86	6	87	④	88	300	89	④		

90	686	91	⑤	92	26	93	11	94	20
95	15	96	③	97	87	98	②	99	58

100	61	101	61	102	2	103	2	104	7
105	①	106	784	107	456	108	682	109	42

110	327								

하루 중 90%는 겸손하게 10%는 자신있게...

상세 해설

01 정답 204

[출제자 : 정일권T]

칠해진 각의 합이 $90°$인 경우는 $45/30/15$와 $30/30/30$인 경우이다.

① $45/30/15$인 경우

(i) $45/30/15$가 같은 사분원에 칠할 때,

$2 \times 3! = 12$

(ii) $45/30/15$중 2가지 색이 같은 사분원에 칠할 때,

즉, $45,30/15$; $45,15/30$; $15,30/45$인 경우이다.

먼저 $45, 30$이 같은 사분원(2가지)에 있고, 15에 해당되는 색을 칠하는 경우(3가지)

$2 \times 3 \times 3! = 36$

다른 경우도 마찬가지이므로

$36 \times 3 = 108$

(iii) $45/30/15$가 모두 다른 사분원에 칠할 때,

사분원을 고르는 경우의 수 : $2 \times 3 \times 2 = 12$가지,

색배열 하면

$12 \times 6 = 72$

② $30/30/30$인 경우

$2 \times 3! = 12$

따라서 ①, ②에 의해 204가지이다.

[다른 풀이]

① $45/30/15$인 경우

빨강 45, 파랑 45, 노랑 15로 가정하고, 나중에 6을 곱한다.

빨강 부채꼴 고르기 2가지이고

빨강을 칠하면 회전모형이 아니므로 파랑, 노랑을 칠하는

가지수는 $4 \times 4 = 16$가지

따라서 $2 \times 4 \times 4 \times 6 = 192$

② $30/30/30$인 경우

빨강 칠할 부채꼴 고르기는 마찬가지로 2가지이고

파랑, 노랑 칠하는 방법은 3×2가지

따라서 $2 \times 3 \times 2 = 12$

따라서 ①, ②에 의해 204가지이다.

02 정답 192

[출제자 : 오세준T]

(i) 원판 3개에 적힌 문자가 ABC꼴인 경우

: 같은 문자가 적힌 원판이 없으므로 원판 C가 맨 아래에 놓인다.

A		B
B		A
C		C

와 같이 원판을 배열하는 경우의 수는 $2! = 2$,

색을 정하는 방법의 수는 $_3\Pi_3 = 27$

따라서 $2 \times 27 = 54$

(ii) 원판 3개에 적힌 문자가 AAA꼴인 경우

: 같은 문자가 적힌 원판이 있으므로 검은색 원판이 맨 아래에 놓인다.

A	B	C
A	B	C
A	B	C

와 같이 원판을 배열하는 경우의 수는 3,

맨 아래 원판들은 검은색이므로 나머지 원판의 색을 정하면

$2! = 2$

따라서 $3 \times 2 = 6$

(iii) 원판 3개에 적힌 문자가 AAB꼴인 경우

: 검은색 원판이 있을 때와 없을 때로 나누어 생각해보면

(1) 검은색 원판이 있을 때

문자를 선택하는 경우의 수는 $_3C_2 \times _2C_1 = 6$

① 원판 A만 검은색인 경우 : $2 \times 2 \times \dfrac{3!}{2!} = 12$

② 원판 B만 검은색인 경우 : $1 \times 1 \times 2! = 2$

③ 원판 A, B모두 검은색인 경우 : $2 \times \dfrac{3!}{2!} = 6$

따라서 $6 \times (12 + 2 + 6) = 120$

(2) 검은색 원판이 없을 때

$_3C_2 \times _2C_1 \times 1 \times 2 = 12$

(1), (2)에서 $120 + 12 = 132$

(i), (ii), (iii)에서 $54 + 6 + 132 = 192$

03 정답 39

회전하여 일치하는 것은 같은 것으로 보므로 빨간색을 칠하는 경우의 수는 다음 그림에서 A, B, C, D의 4가지다. E자리에 빨간색을 색칠하는 경우는 D에 색칠하는 경우와 회전해서 겹친다.

A	B	C	
	D	E	

빨간색을 각 영역에 칠한 수 (나), (다)를 만족하며 파란색을 칠하는 경우가 k이다.

(i) A에 빨간색을 칠할 때

파란색을 칠할 수 있는 경우의 수는 12가지

(ii) B에 빨간색을 칠할 때

파란색을 칠할 수 있는 경우의 수는 10가지

(iii) C에 빨간색을 칠할 때

파란색을 칠할 수 있는 경우의 수는 10가지

(iv) D에 빨간색을 칠할 때

파란색을 칠할 수 있는 경우의 수는 7가지

(i)~(iv)에서 39가지이다.

따라서 조건을 만족하는 경우의 수는 $39 \times 14!$이다.

즉 $k = 39$

[다른 풀이]–이소영T

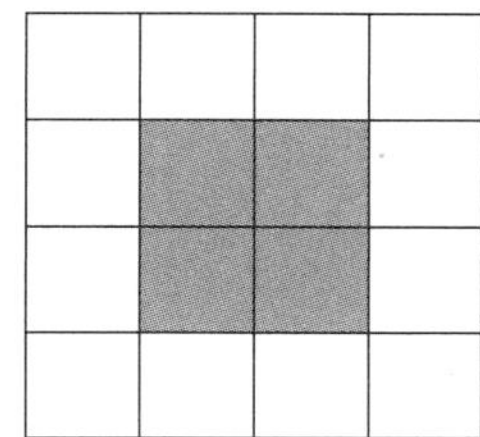

16가지 색으로 중 4개의 색을 먼저 선택하여 가운데 색칠한 네
곳에 먼저 색칠한다(원순열). 그리고 흰 부분 12곳에 나머지
12가지 색으로 칠한다(직순열).

$$\rightarrow {}_{16}C_4 \times \frac{4!}{4} \times 12!$$

(다) 조건의 파랑과 빨강이 꼭짓점을 공유하면서 칠하는 경우의
수를 제외하면 모든 조건을 조건을 만족시킨다.

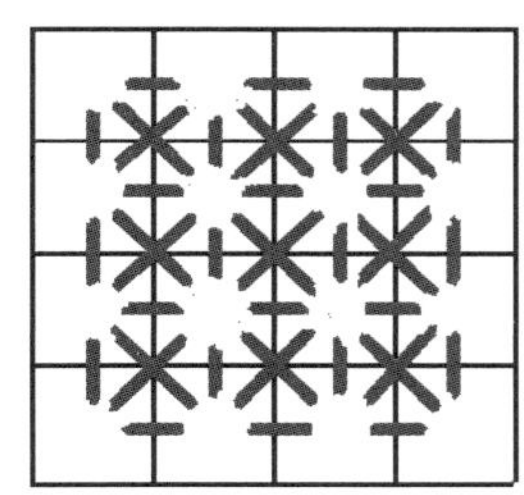

꼭짓점을 공유해서 칠해지는 $-$: 12곳, $|$: 12곳, $/$: 9곳,
$\backslash$: 9곳 총 42곳 중 하나를 골라 빨강, 파랑을 칠한다. 그리고
나머지 14곳에 나머지 색 14가지로 칠하면 $42 \times 2! \times 14!$이다.
이때, 정사각형에서 회전해서 같아지는 경우의 수는
4가지이므로

$$\frac{42 \times 2! \times 14!}{4} = 21 \times 14!$$이다.

따라서

$${}_{16}C_4 \times \frac{4!}{4} \times 12! - 21 \times 14!$$

$$= \frac{16 \cdot 15 \cdot 14 \cdot 13}{4!} \times 3! \times 12! - 21 \times 14!$$

$$= 60 \times 14! - 21 \times 14! = 39 \times 14!$$

따라서 k는 39이다.

04 정답 61

(i) $n = 2k$ $(k = 3, 4, 5, \cdots)$일 때
먼저 k개의 홀수를 서로 이웃하지 않은 부채꼴에 적는 경우의
수를 구해보자.
회전하여 일치하는 경우가 k개 있으므로

$$\frac{k!}{k} = (k-1)!$$

이 각각에 대하여 1을 적은 부채꼴의 양 옆에는 $n(2k)$을 적을
수 없으므로 n을 적을 부채꼴을 택하는 경우의 수는 $k-2$
이 각각에 대하여 남은 $(k-1)$개의 짝수를 적는 경우의 수는
$(k-1)!$이므로

$$f(2k) = (k-1)!(k-2)(k-1)!$$

$$= (k-2)\{(k-1)!\}^2$$

(ii) $n = 2k+1$ $(k = 3, 4, 5, \cdots)$일 때,
n등분된 원판이 k개의 짝수를 적을 수 있는 부채꼴과 $k+1$개의
홀수를 적을 수 있는 부채꼴로 나눌 수 있다. 그런데 홀수의
개수가 n의 반보다 커서 홀수를 적은 부채꼴중 한쌍은 이웃할 수
밖에 없다. [(가)에 모순]
따라서 $f(2k+1) = 0$

(i), (ii)에서
$$f(100) = 48(49!)^2$$
$$f(101) = 0$$
$$f(102) = 49(50!)^2$$

$$\frac{f(101) + f(102)}{f(100)} = \frac{49 \times 50! \times 50!}{48 \times 49! \times 49!}$$

$$= \frac{49 \times 50 \times 50}{48} = \frac{49 \times 25 \times 25}{12} = \frac{49}{12} \times 5^4$$

$p = 12$, $q = 49$이다.
$p + q = 61$

05 정답 84

[풀이 : 오세준T]

1번 자리에 A, 5번 자리에 B가 앉고 나머지 학생이 앉는
경우의 수는 $5! = 120$
조건 (다)의 여사건을 생각해 보면
(i) 2번에 C, 3번에 G가 앉으면 C의 옆자리는 D, E, F가
앉지 못한다.

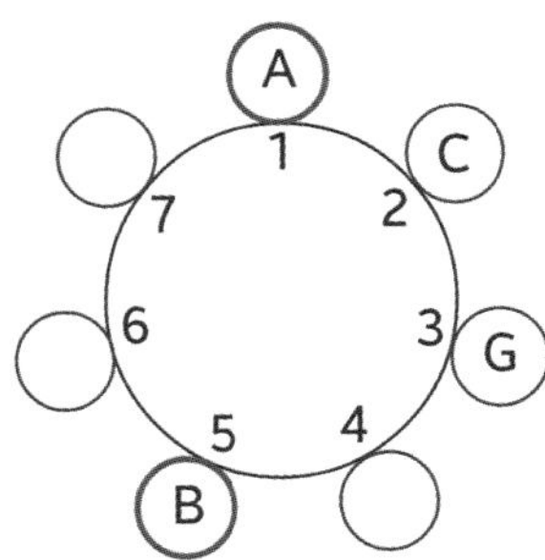

따라서 나머지 학생이 앉는 경우의 수는 3!
(ii) 2번에 C, 7번에 G가 앉으면 A의 옆자리는 D, E, F가
앉지 못한다.

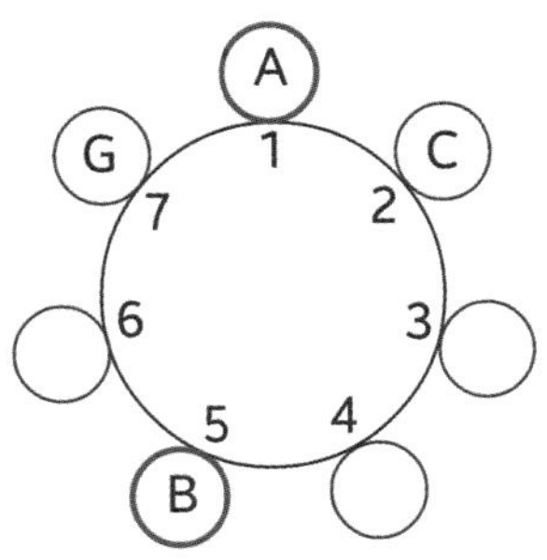

따라서 나머지 학생이 앉는 경우의 수는 3!
(iii) 4번에 C, 3번에 G가 앉으면 C의 옆자리는 D, E, F가
앉지 못한다.

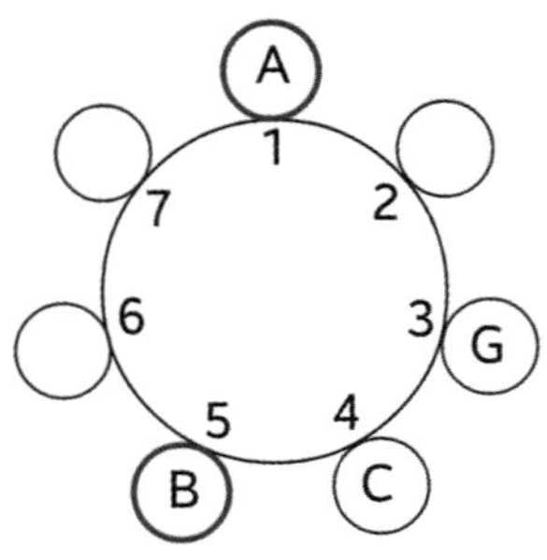

따라서 나머지 학생이 앉는 경우의 수는 3!
(iv) 6번에 C, 7번에 G가 앉으면 C의 옆자리는 D, E, F가
앉지 못한다.

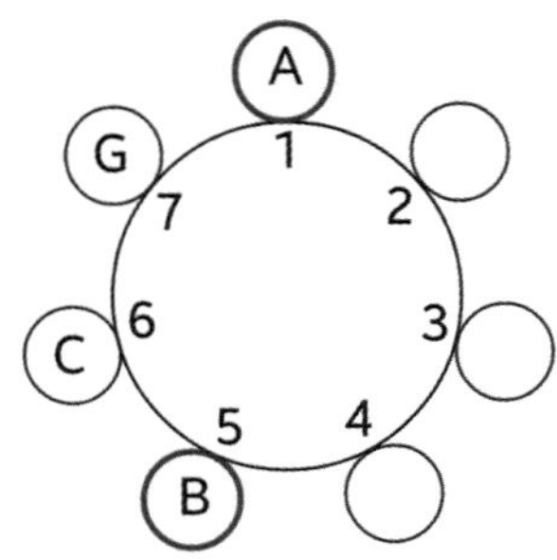

따라서 나머지 학생이 앉는 경우의 수는 3!
(ⅴ) 7번에 C, 6번에 G가 앉으면 C의 옆자리는 D, E, F가
앉지 못한다.

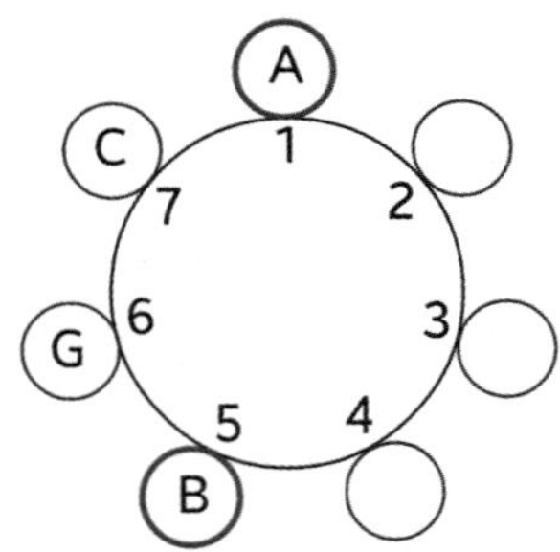

따라서 나머지 학생이 앉는 경우의 수는 3!
(ⅵ) 7번에 C, 2번에 G가 앉으면 A의 옆자리는 D, E, F가
앉지 못한다.

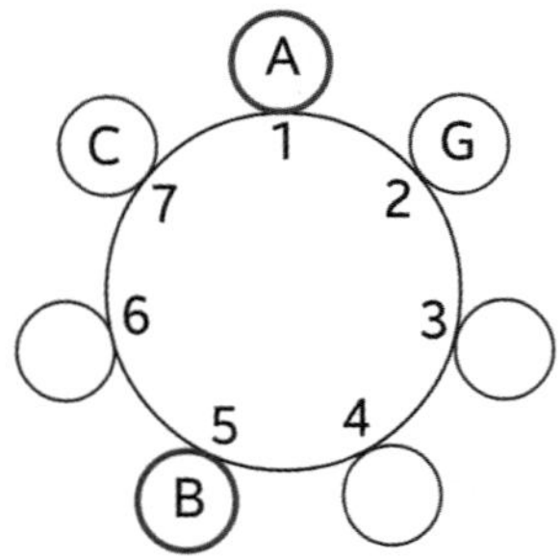

따라서 나머지 학생이 앉는 경우의 수는 3!
(i) ~ (ⅵ)에서 $3! \times 6 = 36$

따라서 $120 - 36 = 84$

[다른 풀이]–이소영T
(가) 조건에서 A가 앉은 자리를 1번이라고 하고, 시계방향으로
2번부터 7번까지 차례로 번호를 정한 후 (나) 조건을
만족시키도록 5번 자리에 B를 앉힌 후 (다) 조건을 고려해보자.

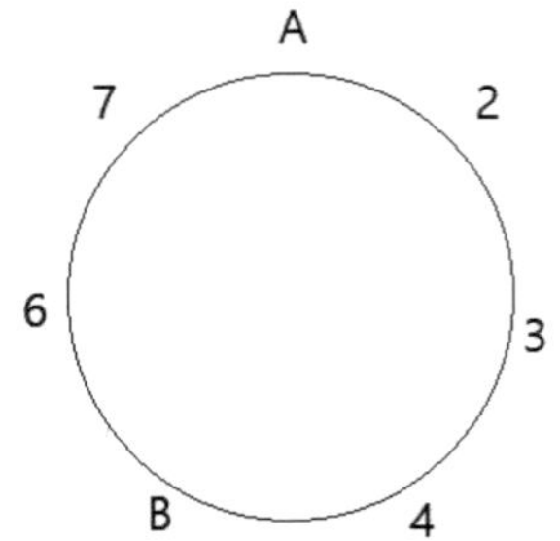

i) 2번 자리에 C를 앉히는 경우
(다) 조건을 고려하면 3번, 7번 자리에 D, E, F 중 2명이 반드시
앉히고, 나머지 학생을 배치시킨다.
$_3C_2 \times 2! \times 2! = 12$

ii) 3번 자리에 C를 앉히는 경우
2번에 D, E, F 중 1명이 앉거나, 4번, 7번에 앉는 경우가 있다.
$(D, E, F$ 중 1명이 2번$) + (D, E, F$ 중 2명이 4번, 7번$) -$
$(D, E, F$가 2번, 4번, 7번$)$
$_3C_1 \times 3! + {}_3C_2 \times 2! \times 2! - 3! = 18 + 12 - 6 = 24$

iii) 4번 자리에 C를 앉히는 경우
D, E, F 중 적어도 두 명은 3번에 반드시 중 1명이 앉아야 하고,
2번 또는 7번에 적어도 한 명은 앉아야 한다.
$(D, E, F$ 중 2명을 2번, 3번$) + (D, E, F$ 중 2명을 3번, 7번$) -$
$(D, E, F$를 2번, 3번, 7번$)$
$= {}_3C_2 \times 2! \times 2! + {}_3C_2 \times 2! \times 2! - 3! = 12 + 12 - 6 = 18$

iv) 6번 자리에 C를 앉히는 경우
7번에 D, E, F 중 1명을 앉히고, 나머지 학생을 앉힌다.
$_3C_1 \times 3! = 18$

ⅴ) 7번 자리에 C를 앉히는 경우
2번, 6번에 D, E, F 중 2명을 앉히고, 나머지 학생을 앉힌다.
$_3C_2 \times 2! \times 2! = 12$

따라서 $12 + 24 + 18 + 18 + 12 = 84$이다.

06 정답 80

같은 줄에 적힌 세 수의 합이 모두 짝수가 되려면 각 줄의 세 수
중 홀수의 개수는 0 또는 2이어야 한다. 열도 마찬가지이므로
적힌 9개의 수 중 홀수의 개수는 없거나 4개 또는 6개 다.
(i) 적힌 9개의 수 중 홀수가 없는 경우

9개의 수가 모두 짝수이므로 경우의 수는 $_2\Pi_9=2^9=512$이다.

(ii) 적힌 9개의 수 중 홀수의 개수가 4인 경우
3개의 열 중에서 홀수를 적는 정사각형이 있는 열을 2개 고르고, 3개의 줄 중에서 홀수를 적는 정사각형이 있는 줄을 2개 고르면 홀수를 적을 정사각형이 정해지므로 경우의 수는
$_3C_2\times_3C_2\times3^4\times2^5=3^6\times2^5$이다.

(iii) 적힌 9개의 수 중 홀수가 6인 경우
적힌 9개의 수 중 짝수가 3개이고, 각 줄과 각 열에 모두 하나씩 짝수가 있도록 적을 수 있으므로 경우의 수는
$3\times2\times1\times3^6\times2^3=3^7\times2^4$이다.

(i), (ii), (iii)에서
$N=512+\left(3^6\times2^5\right)+\left(3^7\times2^4\right)$이다.

따라서

$$\frac{N-512}{3^6}=\frac{\left(3^6\times2^5\right)+\left(3^7\times2^4\right)}{3^6}$$
$$=2^5+\left(3\times2^4\right)=32+48=80$$

[다른 풀이]–이소영T

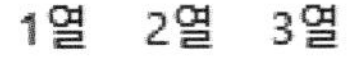
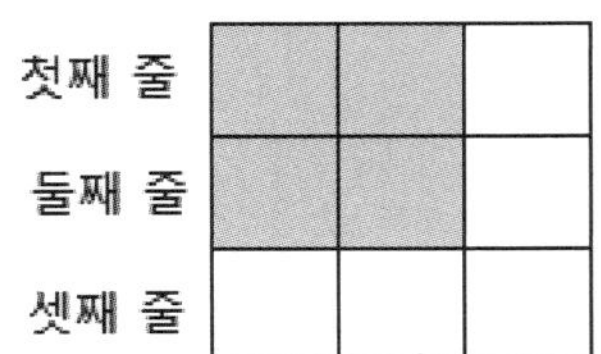

각 줄과 각 열의 합이 모두 짝수가 되도록 1, 2, 3, 4, 5를 배치시켜야 한다.
빗금친 부분에 먼저 홀수, 짝수를 배치시면 흰 부분에는 줄과 열의 합이 짝수가 되도록 하는 값이 정해진다.

ⅰ) 네 곳 모두 홀수를 배치시킨다. →1가지

홀	홀	
홀	홀	

이면 흰 부분은 반드시

홀	홀	짝
홀	홀	짝
짝	짝	짝

이다.

따라서 $3^4\times2^5$가지

ⅱ) 네 곳 중 한 곳만 짝수를 배치시킨다. → 4가지

짝	홀	
홀	홀	

이면 흰 부분은 반드시

짝	홀	홀
홀	홀	짝
홀	짝	홀

이다.

따라서 $4\times2^3\times3^6=2^5\times3^6$가지

ⅲ) 네 곳 중 대각선 두 곳에 짝수를 배치시킨다. → 2가지

짝	홀	
홀	짝	

이면 흰 부분은 반드시

짝	홀	홀
홀	짝	홀
홀	홀	짝

이다.

따라서 $2\times3^6\times2^3=3^6\times2^4$가지

ⅳ) 네 곳 중 가로줄 또는 세로줄에 짝수를 배치시킨다. →
4가지

짝	짝	
홀	홀	

이면 흰 부분은 반드시

짝	짝	짝
홀	홀	짝
홀	홀	짝

이다.

따라서 $4\times3^4\times2^5=3^4\times2^7$가지

ⅴ) 네 곳 중 세 곳에 짝수를 배치시킨다. → 4가지

짝	짝	
짝	홀	

이면 흰 부분은 반드시

짝	짝	짝
짝	홀	홀
짝	홀	홀

이다.

따라서 $4\times3^4\times2^5=3^4\times2^7$가지

ⅵ) 네 곳 모두 짝수를 배치시킨다. → 1가지

짝	짝	
짝	짝	

이면 흰 부분은 반드시

짝	짝	짝
짝	짝	짝
짝	짝	짝

이다.

따라서 2^9가지
따라서 전체 경우의 수 N은
$N=3^4\times2^5+3^6\times2^5+3^6\times2^4+3^4\times2^7+3^4\times2^7+2^9$이고,
$N-2^9=3^4\times2^4\times\left(2+3^2\times2+3^2+2^3+2^3\right)=3^4\times2^4\times45$이
므로 $\dfrac{N-512}{3^6}=80$이다.

07 정답 ①

(i) $m=3$, $n=1$일 때,

c가 3번, d가 1번, a가 1번 나오는 경우 ⇨ $\dfrac{5!}{3!}=20$

c가 3번, d가 1번, b가 1번 나오는 경우 ⇨ $\dfrac{5!}{3!}=20$

(ii) $m=2$, $n=0$일 때,

c가 2번, a가 2번, b가 1번 나오는 경우 ⇨ $\dfrac{4!}{2!}=12$

c가 2번, a가 1번, b가 2번 나오는 경우 ⇨ $\dfrac{5!}{2!2!}=30$

따라서
(i), (ii)에서 $20+20+12+30=82$이다.

08 정답 37

(i) $f(1)=1$인 경우
$f(f(1))=f(1)=1\neq3$으로 모순이다.

(ii) $f(1)=2$인 경우
$f(f(1))=f(2)=3$에서 $f(2)=3$
(나)에서 함수 f의 치역은 $\{2, 3\}$
정의역 X의 나머지 원소 3, 4, 5이 치역 $\{2, 3\}$에 대응되는

방법의 수는 $_2\Pi_3 = 8$

(iii) $f(1)=4$인 경우
(ii)와 같은 방법으로 8

(iv) $f(1)=3$인 경우
$f(f(1))=f(3)=3$에서 $f(3)=3$이므로
정의역의 원소 1과 3은 공역의 원소 3에 대응된다.
(나)조건을 만족하려면 치역이 $\{1, 3\}$, $\{2, 3\}$, $\{3, 4\}$이고
치역이 $\{1, 3\}$이 되기 위해서는 정의역의 나머지 원소 2, 4,
5가 모두 1에 대응되는 경우만 제외하면 되므로 $_2\Pi_3 - 1 = 7$
따라서 $7 \times 3 = 21$

(i)~(iv)에서 $8+8+21=37$

09 정답 84

조건 (가)에서 함수 f의 치역의 원소의 개수가 3이므로 f의
치역은 $\{1, 2, 3\}$, $\{1, 2, 4\}$, $\{1, 3, 4\}$, $\{2, 3, 4\}$의 4가지
경우가 있다.
그런데 조건 (나)에서 합성함수 $f \circ f$의 치역의 원소 중 짝수의
개수는 1이므로
(i) f의 치역에 짝수인 원소의 개수가 1인 경우 ⇨ $\{1, 2, 3\}$,
$\{1, 3, 4\}$
두 가지 경우의 함수의 개수는 같으므로 $\{1, 2, 3\}$인 경우를
구하면 다음과 같다.
함수의 개수 $_3\Pi_4 = 81$에서 치역의 원소의 개수가 2인 함수의
개수와 1인 함수의 개수를 제외하면
$81 - 3 \times {}_2\Pi_4 + 3 \times {}_1\Pi_4 = 36$

치역이 $\{1, 2, 3\}$인 함수 중에서 $f(4)=2$이고 정의역의 원소 1,
2, 3이 치역의 원소 1, 3에만 대응되는 함수의 개수는
$_2\Pi_3 - 2 = 6$이지만 조건 (나)를 만족시키지 못한다.

따라서 f의 치역이 $\{1, 2, 3\}$ 또는 $\{1, 3, 4\}$인 함수의 개수는
$2 \times (36-6) = 60$

(ii) f의 치역에 짝수인 원소의 개수가 2인 경우 ⇨ $\{1, 2, 4\}$,
$\{2, 3, 4\}$
두 경우의 함수의 개수는 같으므로 $\{1, 2, 4\}$인 경우만 생각해
보자.
$f \circ f$의 치역이 $\{1, 2\}$인 경우는 $f(3)=4$이고 나머지 정의역의
원소 1, 2, 4는 모두 치역의 원소 1, 2에 대응되어야 한다. 즉,
$_2\Pi_3 - 2 = 6$
마찬가지로 $f \circ f$의 치역이 $\{1, 4\}$인 경우도 $_2\Pi_3 - 2 = 6$
그러므로 f의 치역이 $\{1, 2, 4\}$인 함수의 개수는 12이다.
따라서 f의 치역이 $\{1, 2, 4\}$ 또는 $\{2, 3, 4\}$인 함수의 개수는
$2 \times 12 = 24$
(i), (ii)에서 구하는 함수의 개수는 $60+24=84$이다.

10 정답 34

천의 자리 수를 a
백의 자리 수를 b
십의 자리 수를 c
일의 자리 수를 d라 하자.
$a \geq 1$, d는 홀수이고 $a+b+c=d-1$이다.
$a+b+c+d \leq 14$
$2d-1 \leq 14$
$2d \leq 15$
$d \leq 7.5$
따라서 d는 7이하의 홀수이다.
$a+b+c=d-1$에서 $a=a'+1$이라 하면
(i) $d=1$일 때,
$a+b+c=0$
만족하는 경우의 수는 0이다.
(ii) $d=3$일 때,
$a+b+c=2 \rightarrow a'+b+c=1 \rightarrow {}_3H_1 = {}_3C_1 = 3$
(ii) $d=5$일 때,
$a+b+c=4 \rightarrow a'+b+c=3 \rightarrow {}_3H_3 = {}_5C_3 = 10$
(ii) $d=7$일 때,
$a+b+c=6 \rightarrow a'+b+c=5 \rightarrow {}_3H_5 = {}_7C_5 = 21$
따라서 $3+10+21=34$

11 정답 231

(i) 조건 (가)와 (다)를 만족시키도록 집합 Z의 원소들을
대응시키는 경우의 수는
집합 Y의 8개의 원소 중에서 서로 다른 4개를 택하여 작은
수부터 차례로 3, 6, 9, 12에 대응시키는 경우의 수와 같다. ⇨
$_8C_4 = \dfrac{8 \times 7 \times 6 \times 5}{4 \times 3 \times 2 \times 1} = 70$

(ii) (i)에서 정한 4개의 함숫값들의 집합을
$$A = \{f(x) \mid x \in Z\}$$
라 할 때, 조건 (다)에 의해
1, 2, 4, 5, 7, 8, 10, 11은 집합 $Y-A$에 속하는 4개의
원소에 각각 적어도 하나씩 대응해야 하므로
$$(Y-A) \subset \{f(x) \mid x \in (X-Z)\}$$
가 성립해야 한다.
즉, $\{f(x) \mid x \in (X-Z)\}$의 원소의 개수의 최솟값은 4이다.
따라서 조건 (나)와 조건 (다)를 모두 만족시키도록 집합
$X-Z$의 원소들을 대응시키는 경우의 수는 집합 Y의 8개의
원소 중에서 중복을 허락하여 8개를 택할 때, 집합 $Y-A$의
4개의 원소들은 모두 적어도 한 번씩 택하고, 택한 8개의 수를
크지 않은 순서대로 1, 2, 4, 5, 7, 8, 10, 11에 차례로
대응시키는 경우의 수와 같다.
따라서 집합 $Y-A$의 4개의 원소들을 각각 1개씩 택하는
경우의 수는 1이고, 집합 Y의 8개의 원소 중에서 중복을
허락하여 4개를 택하는 경우의 수는 ⇨ $_8H_4$

이므로 조건 (나)와 조건 (다)을 모두 만족시키는 경우의 수는

$$1 \times {}_8 H_4 = {}_{11}C_4 = \frac{11 \times 10 \times 9 \times 8}{4 \times 3 \times 2 \times 1} = 330$$

(i), (ii)에서 구하는 함수의 개수는

$$a = 70 \times 330 = 23100$$

따라서 $\dfrac{23100}{100} = 231$

[다른 풀이]–최수영T

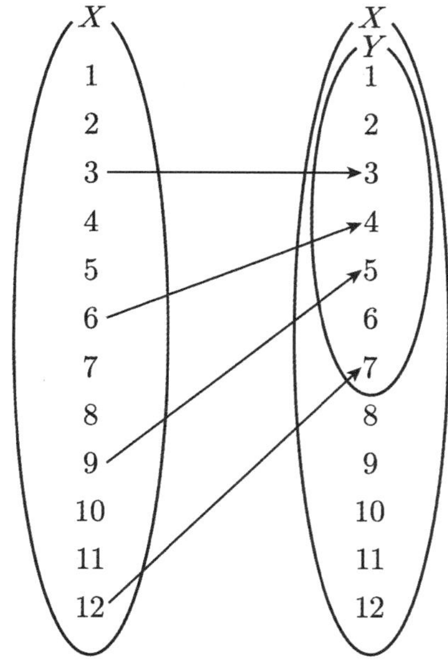

Z의 원소 3, 6, 9, 12를 $x_1 < x_2$이면 $f(x_1) < f(x_2)$가
성립하도록 대응시키자.

$${}_8C_4 = \frac{8 \times 7 \times 6 \times 5}{4 \times 3 \times 2 \times 1} = 70 \cdots \text{㉠}$$

$X - Z$의 원소 1, 2, 4, 5, 7, 8, 10, 11을
$x_3 < x_4$이면 $f(x_3) \leq f(x_4)$가 성립하도록 1~8까지 대응을
시키는데 Z의 원소가 대응 안된 원소에는 무조건 2개씩의
원소를 대응시켜야 한다.
치역의 원소 1, 2, 3, 4, 5, 6, 7, 8 에 대응하는 원소의 개수를
a, b, c, d, e, f, g, h라 하면

$$a + b + c + d + e + f + g + h = 8$$

$a \geq 1, b \geq 1, f \geq 1, h \geq 1$이어야 하므로

$$(a'+1) + (b'+1) + c + d + e + (f'+1) + (h'+1) = 8$$
$$a' + b' + c + d + e + f' + h' = 4$$
$${}_8H_4 = {}_{11}C_4 = 330 \cdots \text{㉡}$$

㉠, ㉡에서 $a = 70 \times 330 = 23100$

$$\therefore \frac{a}{100} = 231$$

12 정답 57

계단을 올라가는 방법을 크게 색칠한 부분(5단)을 밟지 않고
올라갈 때와 밟고 올라갈 때 두가지로 나누어 생각할 수 있다.

(1) 색칠한 부분을 밟지 않고 올라가는 경우
이 경우는 $A \to$ 4단, 4단 $\to$ 6단, 6단 $\to B$ 이렇게 올라가야
한다.
1) $A \to$ 4단
4개의 계단을 1단 혹은 2단씩 올라가는 경우이다. 2단씩
올라가는 횟수를 x, 1단씩 올라가는 횟수를 y라 두면
$2x + y = 4$가 성립해야 한다. 이를 만족하는 (x, y)의 순서쌍은
$(2, 0), (1, 2), (0, 4)$ 이다.
$(2, 0)$: 2단씩 2번 오르는 경우이다. 이것은 2 2 을 일렬로
나열하는 경우의 수와 같으므로 $\dfrac{2!}{2!} = 1$가지가 된다.
$(1, 2)$: 2단씩 1번, 1단씩 2번 오르는 경우이다. 이것은
2 1 1을 일렬로 나열하는 경우의 수와 같으므로 $\dfrac{3!}{2!} = 3$가지가
된다.
$(0, 4)$: 1단씩 4번 오르는 경우이다. 이것은 1 1 1 1을
일렬로 나열하는 경우의 수와 같으므로 $\dfrac{4!}{4!} = 1$ 이 된다.
즉, $A \to$ 4단 인 경우의 수는 $1 + 3 + 1 = 5$가지가 된다.
2) 4단 $\to$ 6단
색칠한 부분이 5단에 위치하고 이것을 밟으면 안되므로 4단에서
바로 2단 올라서 6단으로 가야 하므로 1가지 뿐이다.
3) 6단 $\to B$
4개의 계단을 1단 혹은 2단씩 오르는 경우이므로 1)과 같다.
그러므로 경우의 수는 5가지이다.
1), 2), 3)에 있는 사건이 연속적으로 일어나야 하므로
$5 \times 1 \times 5 = 25$가지이다.

(2) 색칠한 부분을 밟고 올라가는 경우
이 경우는 $A \to$ 5단, 5단 $\to B$ 이렇게 올라가야 한다.
1) $A \to$ 5단
5개의 계단을 1단 혹은 2단씩 올라가는 경우이다. 2단씩
올라가는 횟수를 x, 1단씩 올라가는 횟수를 y라 두면
$2x + y = 5$가 성립해야 한다. 이를 만족하는 (x, y)의 순서쌍은
$(2, 1), (1, 3), (0, 5)$ 이다.
$(2, 1)$: 2단씩 2번, 1단씩 1번 오르는 경우이다. 이것은
2 2 1 을 일렬로 나열하는 경우의 수와 같으므로 $\dfrac{3!}{2!} = 3$가지가
된다.
$(1, 3)$: 2단씩 1번, 1단씩 3번 오르는 경우이다. 이것은
2 1 1 1을 일렬로 나열하는 경우의 수와 같으므로
$\dfrac{4!}{3!} = 4$가지가 된다.
$(0, 5)$: 1단씩 5번 오르는 경우이다. 이것은 1 1 1 1 1을
일렬로 나열하는 경우의 수와 같으므로 $\dfrac{5!}{5!} = 1$ 이 된다.
즉, $A \to$ 5단 인 경우의 수는 $3 + 4 + 1 = 8$가지가 된다.
2) 5단 $\to B$
색칠된 부분을 밟았기 때문에 남은 5개의 계단을 1단 혹은
3단씩 올라가는 경우이다. 3단씩 올라가는 횟수를 x, 1단씩
올라가는 횟수를 y라 두면 $3x + y = 5$가 성립해야 한다. 이를

킬러극킬 – 확률과 통계　**137**

만족하는 $(x,\ y)$의 순서쌍은 $(1,\ 2),\ (0,\ 5)$ 이다.

$(1,\ 2)$: 3단씩 1번, 1단씩 2번 오르는 경우이다. 이것은

3 1 1을 일렬로 나열하는 경우의 수와 같으므로 $\dfrac{3!}{2!}=3$가지가

된다.

$(0,\ 5)$: 1단씩 5번 오르는 경우이다. 이것은 1 1 1 1 1을

일렬로 나열하는 경우의 수와 같으므로 $\dfrac{5!}{5!}=1$ 이 된다.

즉, 5단 $\to$ B 인 경우의 수는 $3+1=4$가지가 된다.

1), 2) 에 있는 사건이 연속적으로 일어나야 하므로

$8 \times 4 = 32$가지이다.

(1), (2)에 의해서 A지점에서 출발하여 B지점에 도착하는 모든
경우의 수는 $25+32 = 57$가지이다.

13 정답 168

7개의 교차점을 지나기 위해서는 아래의 그림과 같이 8개의
도로망을 사용해야한다.

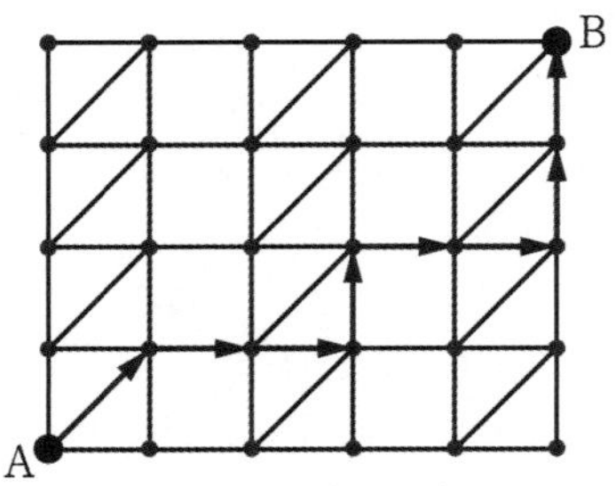

$\nearrow$ 방향으로 1번 , $\to$ 방향으로 4번, $\uparrow$ 방향으로 3번의 이동이
필요하다.

전체 경로를 선택하는 방법에서 $\nearrow$와 $\uparrow$의 순서를 미리 선택하면
$\to$방향의 도로망은 결정된다.

예를 들어 $\uparrow$ 방향의 도로망은 $a_1,\ a_5,\ a_5$의 세로줄을 선택하고
$\nearrow$방향은 아래 색칠된 부분을 선택하면

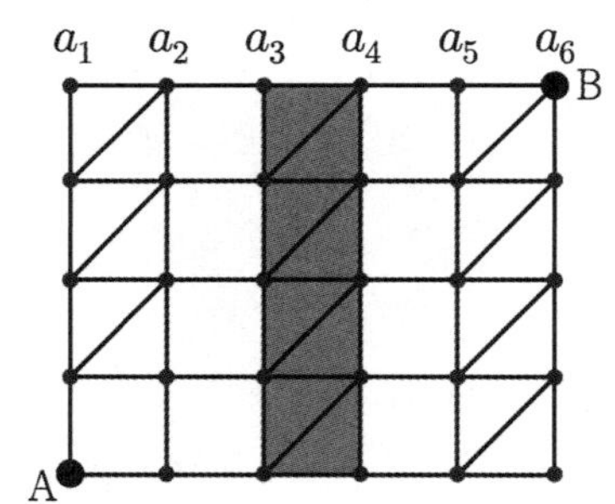

$\Rightarrow$

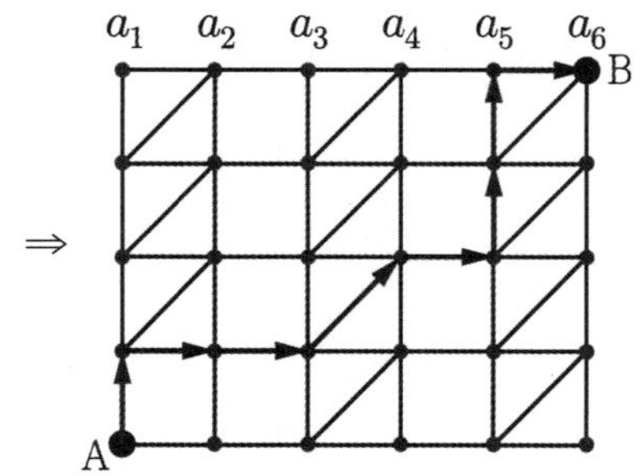

1) $\nearrow$ 방향의 도로망을 사용하는 장소를 선택하는 방법 : $_3C_1$

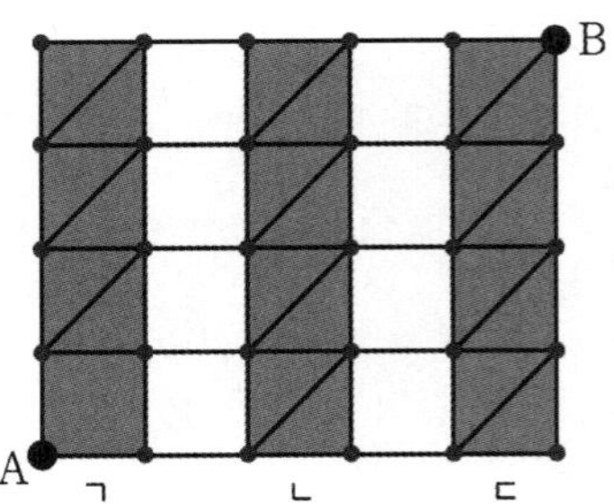

2) $\uparrow$ 방향의 도로망을 사용할 장소를 선택하는 방법 : $_6H_3$

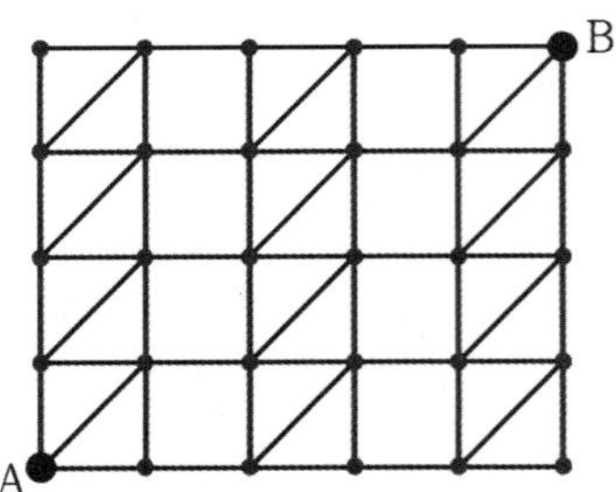

A지점에서 출발하여 A지점과 B지점사이에 7개의 교차점을
지나면서 B지점까지 최단거리로 가는 경우의 수는

$$_3C_1 \times {}_6H_3 = 3 \cdot 56 = 168$$

[다른 풀이]–이소영T

A, B 사이의 7개의 교차점을 지나기 위해서는 $\nearrow$방향으로
1번만 지나가야 한다.

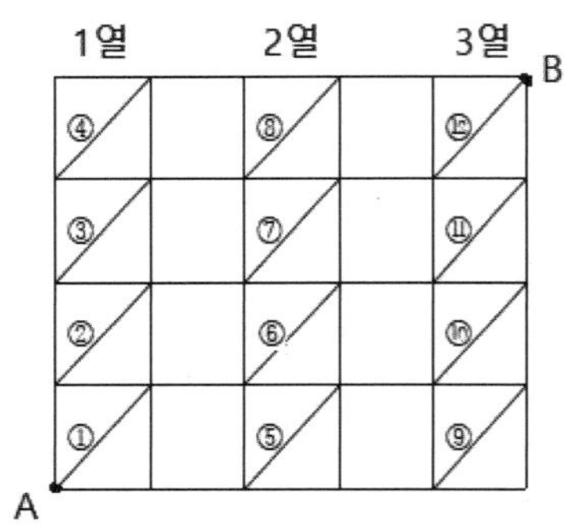

①, ⑫번을 지날 때 $\to,\ \to,\ \to,\ \to,\ \uparrow,\ \uparrow,\ \uparrow$을 배열하면

된다. : $2 \times \dfrac{7!}{4! \cdot 3!} = 70$

②, ⑪번을 지날 때 $\to,\ \to,\ \to,\ \to,\ \uparrow,\ \uparrow$을 배열하면

된다. : $2 \times \dfrac{6!}{4! \cdot 2!} = 30$

③, ⑩번을 지날 때 $\to,\ \to,\ \to,\ \to,\ \uparrow$을 배열하면

된다. : $2 \times \dfrac{5!}{4!} = 10$

④, ⑨번을 지날 때 $\to,\ \to,\ \to,\ \to$을 배열하면
된다. : $2 \times 1 = 2$

⑤, ⑧번을 지날 때 $\to,\ \to,\ \uparrow,\ \uparrow,\ \uparrow$을 배열하면

된다. : $2 \times \dfrac{5!}{2! \cdot 3!} = 20$

⑥, ⑦을 지날 때 $(\to,\ \to,\ \uparrow)$와 $(\to,\ \to,\ \uparrow,\ \uparrow)$를 배열하면

된다.: $2 \times \dfrac{3!}{2!} \times \dfrac{4!}{2! \cdot 2!} = 36$ 따라서

$70 + 30 + 10 + 2 + 20 + 36 = 168$ 가지이다.

14 정답 75

A가 이기는 경우를 →, B가 이기는 경우를 ↑ 라 생각하고 조건 (가)를 만족하는 상황을 그려보면 아래 그림에서 점 P에서 점 Q_1, Q_2, $\cdots$, Q_6로 최단 거리로 가는 경우와 같이 생각할 수 있다.

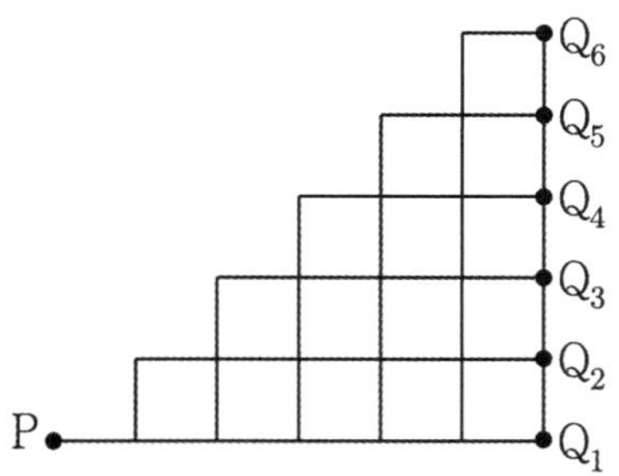

예를 들어 Q_2에 도착하는 경우는 A가 6칸, B가 1칸에 도착한 경우이다.

이때, 조건 (나)를 만족하려면 아래 그림의 ×표시된 길을 사용하지 않으면 된다.

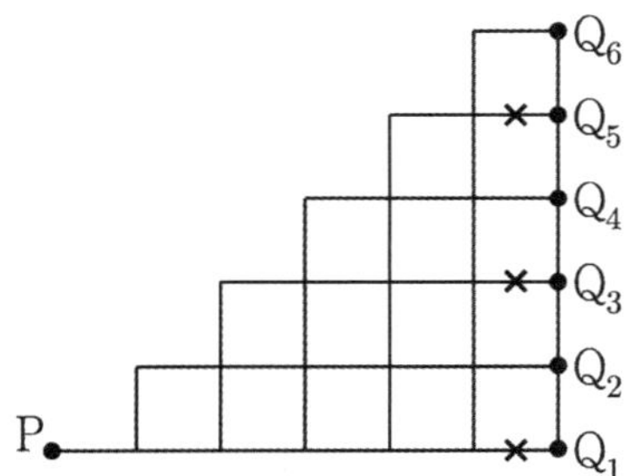

점 P에서 점 Q_1, Q_2, $\cdots$, Q_6로 최단 거리로 가는 경우는 아래 점 R, 점 S, 점 T를 지나야 한다.

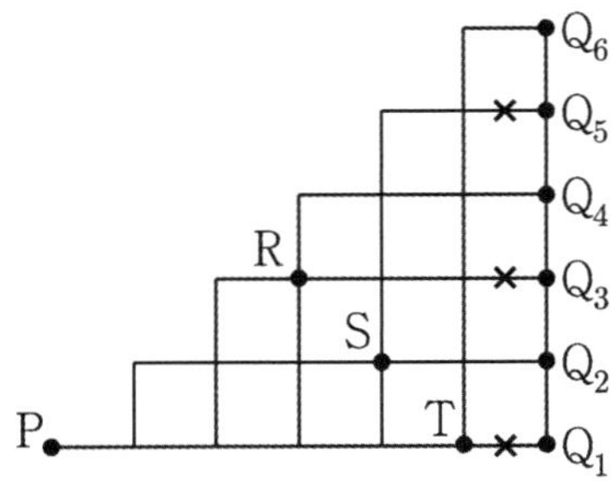

점 Q_1, Q_2, $\cdots$, Q_6 중 하나를 Q라 할 때

(i) P → R → Q의 경우의 수는

$(P \rightarrow R \rightarrow Q_4) + (P \rightarrow R \rightarrow Q_6)$로 $5 \times (5+3) = 40$

(ii) P → S → Q의 경우의 수는

$(P \rightarrow S \rightarrow Q_2) + (P \rightarrow S \rightarrow Q_4) + (P \rightarrow S \rightarrow Q_6)$로

$4 \times (1+3+4) = 32$

(iii) P → T → Q 의 경우의 수는

$(P \rightarrow T \rightarrow Q_2) + (P \rightarrow T \rightarrow Q_4) + (P \rightarrow T \rightarrow Q_6)$로

$1 \times (1+1+1) = 3$

따라서 조건을 만족하며 A가 이기는 경우는 수는

$40 + 32 + 3 = 75$가 된다.

15 정답 136

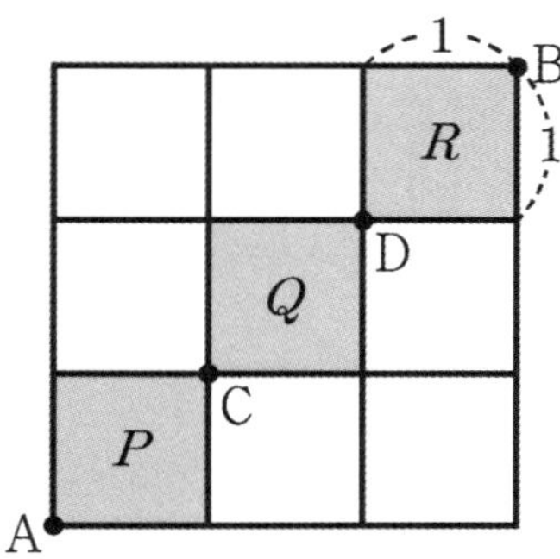

(1) A지점에서 출발하여 B지점을 지나 다시 A지점까지 돌아올 때, 정사각형 P, Q, R 모두 네 변을 지나는 경우의 수 :

$$\begin{array}{ccccccc} A & \rightarrow C & \rightarrow D & \rightarrow B & \rightarrow D & \rightarrow C & \rightarrow A \\ & 2\times & 2\times & 2\times & 1\times & 1\times & 1 = 8 \end{array}$$

(2) A지점에서 출발하여 B지점을 지나 다시 A지점까지 돌아올 때, 정사각형 P, Q, R 중 두 개 만 네 변을 지나는 경우의 수 :

(가) P, Q 두 개 만 지나는 경우의 수 :

$$\begin{array}{ccccccc} A & \rightarrow C & \rightarrow D & \rightarrow B & \rightarrow D & \rightarrow C & \rightarrow A \\ & 2\times & 2\times & 2\times & 1\times & 1\times & 1 = 8 \end{array}$$

(나) Q, R 두 개 만 지나는 경우의 수 :

$$\begin{array}{ccccccc} A & \rightarrow C & \rightarrow D & \rightarrow B & \rightarrow D & \rightarrow C & \rightarrow A \\ & 2\times & 2\times & 2\times & 1\times & 1\times & 1 = 8 \end{array}$$

(다) P, R 두 개 만 지나는 경우의 수 :

$$\begin{array}{ccccccc} A & \rightarrow C & \rightarrow D & \rightarrow B & \rightarrow D & \rightarrow C & \rightarrow A \\ & 2\times & 2\times & 2\times & 1\times & 1\times & 1 = 8 \end{array}$$

(3) A지점에서 출발하여 B지점을 지나 다시 A지점까지 돌아올 때, 정사각형 P, Q, R 중 하나만 네 변을 지나는 경우의 수 :

(가) P 만 네 변을 지나는 경우의 수 :

$$\begin{array}{ccccc} A & \rightarrow C & \rightarrow & B & \rightarrow C & \rightarrow A \\ & 2\times & \{(6\times 6) - (2\times 2\times 1\times 1)\times 3\} \times & 1 = 48 \end{array}$$

(Q 나 R 의 네 변을 지나는 경우 제외)

(나) Q 만 네 변을 지나는 경우의 수 :

$$\begin{array}{ccccccc} A & \rightarrow C & \rightarrow D & \rightarrow B & \rightarrow D & \rightarrow C & \rightarrow A \\ & 2\times & 2\times & 2\times & 1\times & 1\times & 1 = 8 \end{array}$$

(다) R 만 네 변을 지나는 경우의 수

= P만 네 변을 지나는 경우의 수 : 48

$8 + 8 + 8 + 8 + 48 + 8 + 48 = 136$

16 정답 336

그림과 같이 오른쪽 방향의 도로를 따라 한 칸 가는 것을 a, 위쪽 방향의 도로를 따라 한 칸 가는 것을 b, 사분원의 호를 따라 한 칸 가는 것을 c로 나타내고 a와 b 방향의 도로 한 칸의 길이를 1이라 하자.

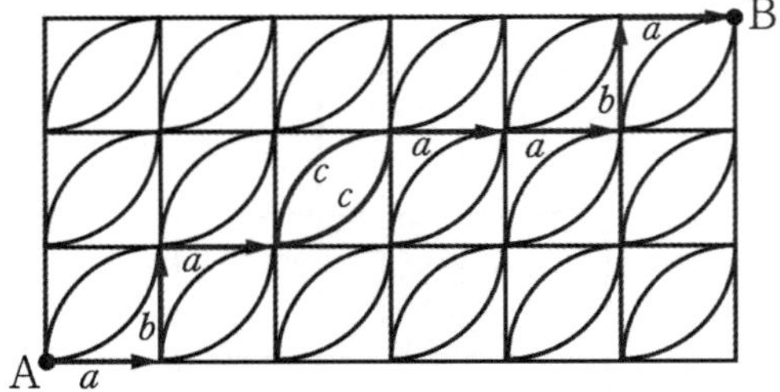

이때 c 방향의 도로의 길이는 $\dfrac{\pi}{2}$이고 최단 거리로 가려면 한 번 지난 교차점은 다시 지나지 않아야 하므로 A지점과 B지점 사이에 7개의 교차점을 지나려면 8칸을 움직여야 하며 c방향의 이동은 홀수 번이어야 한다.

(예를 들어 A을 원점으로 보면 $B(6, 3)$이므로 출발하자마자 c방향으로 연속으로 두 번 이동 후 $(2, 2)$에서 $B(6, 3)$까지 이동할 때, a, b 방향으로만 이동해서 가면 교차점의 개수가 4개, 6개 등 짝수개가 나오므로 교차점의 개수가 7개가 될 수 없다. 따라서 7개의 교차점을 지나려면 c방향으로의 이동이 홀수 개가 나와야 한다.)

(ⅰ) c방향으로 1번 이동하는 경우

a 또는 b 방향으로 7번 이동해야 하므로 이동거리는 $\dfrac{\pi}{2}+7$

(ⅱ) c방향으로 3번 이동하는 경우

a 또는 b 방향으로 5번 이동해야 하므로 이동거리는 $\dfrac{3\pi}{2}+5$

(ⅲ) c방향 또는 그 반대 방향으로 5번 이동하는 경우

a 또는 b 방향으로 3번 이동해야 하므로 이동거리는 $\dfrac{5\pi}{2}+3$

(ⅰ), (ⅱ), (ⅲ)에서

$$\dfrac{\pi}{2}+7 < \dfrac{3\pi}{2}+5 < \dfrac{5\pi}{2}+3$$

이므로

(ⅰ)의 경우가 이동거리가 최소인 경우이고 a방향으로 5번, b방향으로 2번 이동해야 한다.

따라서

A지점에서 출발하여 B지점까지 최단 거리로 가는 경우의 수는 1개의 c와 5개의 a, 2개의 b를 일렬로 배열하는 순열의 수와 같다.

그런데 c는 가는 방법이 2가지 이므로

$$2 \times \dfrac{8!}{5!2!} = 8 \times 7 \times 6 = 336$$

17 정답 350

α	β	γ	(결과값)
$\alpha=0$ $({}_2H_3)$	$\beta=1\ ({}_2H_3)$	$\gamma=2,3,4,5$ $({}_2H_3) + ({}_2H_2) + ({}_2H_1)$ $+ ({}_2H_0)$	160
	$\beta=2\ ({}_2H_2)$	$({}_2H_2) + ({}_2H_1) + ({}_2H_0)$	72
	$\beta=3\ ({}_2H_1)$	$({}_2H_1) + ({}_2H_0)$	24
	$\beta=4\ ({}_2H_0)$	$({}_2H_0)$	4
$\alpha=1$ $({}_2H_2)$	$\beta=2\ ({}_2H_2)$	$({}_2H_2) + ({}_2H_1) + ({}_2H_0)$	54
	$\beta=3\ ({}_2H_1)$	$({}_2H_1) + ({}_2H_0)$	18
	$\beta=4\ ({}_2H_0)$	$({}_2H_0)$	3
$\alpha=2$ $({}_2H_1)$	$\beta=3\ ({}_2H_1)$	$({}_2H_1) + ({}_2H_0)$	12
	$\beta=4\ ({}_2H_0)$	$({}_2H_0)$	2
$\alpha=3$ $({}_2H_0)$	$\beta=4\ ({}_2H_0)$	$({}_2H_0)$	1

따라서

$$160+72+24+4+54+18+3+12+2+1 = 350$$

18 정답 471

사과를 ○, 배를 ● 라 하자.

(ⅰ) 사과를 4명의 학생에게 각각 1개씩 나누어 주고, 배 4개를 나누어 주는 방법

○	○	○	○

네 명의 학생은 이미 1개의 과일을 받았으므로 배 4개를 네 명의 학생에게 나누어 주면 된다.

$$\therefore\ {}_4H_4 = {}_7C_4 = {}_7C_3 = \dfrac{7 \times 6 \times 5}{3 \times 2 \times 1} = 35$$

(ⅱ) 사과를 3명의 학생에게 2개, 1개, 1개 나누어 주고 나머지 1명에게 배 1개를 나누어 준 다음, 배 3개를 나누어 주는 방법

○ ○	○	○	●

먼저, 사과를 받을 세 명의 학생을 택하고, 이 중에서 2개의 사과를 받을 한 명의 학생을 택한다. 네 명의 학생은 이미 1개 이상의 과일을 받았으므로 배 3개를 네 명의 학생에게 나누어 주면 된다.

$$\therefore\ {}_4C_3 \times {}_3C_1 \times {}_4H_3 = {}_4C_1 \times {}_3C_1 \times {}_6C_3$$
$$= 12 \times \dfrac{6 \times 5 \times 4}{3 \times 2 \times 1} = 240$$

(ⅲ) 사과를 2명의 학생에게 2개, 2개 또는 3개, 1개 나누어 주고 나머지 2명에게 배 1개, 1개를 나누어 준 다음, 배 2개를 나누어 주는 방법

○ ○	○ ○	●	●

○ ○ ○	○	●	●

먼저, 사과를 받을 두 명의 학생을 택하고, 사과를 2개, 2개 또는 3개, 1개 나누어 준다. 네 명의 학생은 이미 1개 이상의 과일을 받았으므로 배 2개를 네 명의 학생에게 나누어 주면

된다.

$$\therefore \, ({}_4C_2 + {}_4C_2 \times {}_2C_1) \times {}_4H_2 = ({}_4C_2 + {}_4C_2 \times {}_2C_1) \times {}_5C_2$$
$$= (6 + 6 \times 2) \times {}_5C_2$$
$$= 18 \times \frac{5 \times 4}{2 \times 1} = 180$$

(iv) 사과를 1명의 학생에게 4개 모두 주고 나머지 3명에게
배를 각각 1개씩 나누어 준 다음, 배 1개를 나누어 주는 방법

○ ○ ○ ○	●	●	●

먼저, 사과를 받을 한 명의 학생을 택한다. 네 명의 학생은 이미
1개 이상의 과일을 받았으므로 배 1개를 네 명 중 한 명의
학생에게 나누어 주면 된다.

$$\therefore \, {}_4C_1 \times {}_4C_1 = 4 \times 4 = 16$$

따라서, 구하는 방법의 수는

$$35 + 240 + 180 + 16 = 471 \text{이다.}$$

19 정답 120

세 수 x, y, z의 곱이 8의 배수가 아닌 짝수이려면 짝수가 1개
또는 2개인 경우에 존재한다.

(1) 짝수가 1개인 경우

짝수 1개를 결정하는 경우의 수는 ${}_3C_1$이고

세 수가 각각 다음과 같다고 하면

$2a+2, 2b+1, 2c+1$ (a, b, c는 음이 아닌 정수)

$(2a+2) + (2b+1) + (2c+1) \leq 12$

즉, $a + b + c \leq 4$ ……㉠

$0 \leq t \leq 4$인 정수 t에 대하여 ㉠을 만족하는 음이 아닌 정수 해
(a, b, c)의 개수는

$a + b + c + t = 4$ ……㉡

을 만족하는 음이 아닌 정수 해 (a, b, c, t)의 개수와 같다.

따라서, ${}_4H_4 = {}_7C_4 = 35$

그러나 $a = 3$인 경우는 세 수의 곱이 8의 배수이므로 그 경우를
구하면

$(b, c) = (1, 0), (0, 1), (0, 0)$ 3가지가 있다.

$$\therefore \, {}_3C_1 \times (35 - 3) = 96$$

(2) 짝수가 2개인 경우

(i) (2, 2, 홀수)인 경우

홀수는 1, 3, 5, 7일 때 만족한다.

세 수의 배열과 홀수를 결정하면

그 경우의 수는 $3 \times 4 = 12$

(ii) (2, 6, 홀수)인 경우

홀수는 1, 3일 때 만족한다.

세 수의 배열과 홀수를 결정하면

그 경우의 수는 $3! \times 2 = 12$

$$\therefore \, 12 + 12 = 24$$

(1), (2)에서 $96 + 24 = 120$

[다른 풀이]–이소영T

(가)에서 $x + y + z \leq 12$이고, (나)의 xyz가 짝수라는 조건을

고려하면

$x + y + z \leq 12$인 경우의 수에서 x, y, z가 모두 홀수인 경우의
수를 제외하면 된다.

이때, $x + y + z + ★ = 12$ ($x \geq 1, y \geq 1, z \geq 1, ★ \geq 0$인
정수)를 만족하면 위의 부등식은 항상 만족한다. x, y, z는
자연수이므로 $x = x'+1, y = y'+1, z = z'+1$이라 하자.
x', y', z'는 음이 아닌 정수라고 할 때,

$x' + y' + z' + ★ = 9$이다.

$$\to {}_4H_9 = {}_{12}C_4 = \frac{12 \cdot 11 \cdot 10 \cdot 9}{4 \cdot 3 \cdot 2 \cdot 1} = 220$$

이때, x, y, z가 모두 홀수인 경우의 수를 구하기 위해,
$x = 2p+1, y = 2q+1, z = 2r+1$이라 하자. p, q, r은 음이
아닌 정수라고 할 때,

$2p+1 + 2q+1 + 2r+1 \leq 12$

$2p + 2q + 2r \leq 9$

$$p + q + r \leq \frac{9}{2}$$

p, q, r은 정수이므로 $p + q + r \leq 4$로 생각해도 무방하다.

이때, $p + q + r + ★' = 4$ ($p, q, r, ★'$는 모두 음이 아닌
정수)를 만족하면 위의 부등식은 항상 만족한다.

$$\to {}_4H_4 = {}_7C_4 = {}_7C_3 = \frac{7 \cdot 6 \cdot 5}{3 \cdot 2 \cdot 1} = 35$$

따라서 $x + y + z \leq 12$이고, xyz 짝수인 경우의 수는

$220 - 35 = 185$이다.

(나) 조건에서 xyz는 8배수가 아니라고 했으므로, 8배수인
경우를 제외 시키면 된다.

i) x, y, z 모두 짝수이면서 xyz가 8배수인 경우

x, y, z가 모두 짝수이면 반드시 8배수임을 알 수 있다.

$x = 2m+2, y = 2n+2, y = 2k+2$ (m, n, k는 음이 아닌 정수)

$2m + 2n + 2k + 6 \leq 12$

$m + n + k \leq 3$

$m + n + k + ★'' = 3$ ($★''$는 음이 아닌 정수)이면 위의
부등식은 항상 만족된다.

$$\to {}_4H_3 = {}_6C_3 = 20$$

ii) x, y, z 중 두 개가 짝수, 하나는 홀수이고, xyz가 8배수인
경우

(2, 4, 홀) → $6 + 홀 \leq 12$이므로 가능한 홀수는 1, 3, 5이다.

뽑은 세 수를 x, y, z에 배열하면 $3 \times 3! = 18$

(4, 4, 홀) → $8 + 홀 \leq 12$이므로 가능한 홀수는 1, 3이다.

뽑은 세 수를 x, y, z에 배열하면 $3 \times 3 = 9$

(4, 6, 홀) → $10 + 홀 \leq 12$이므로 가능한 홀수는 1이다.

뽑은 세 수를 x, y, z에 배열하면 $1 \times 3! = 6$

$$\to 18 + 6 + 6 = 36$$

iii) x, y, z 중 하나가 짝수, 나머지 두 개가 홀수이고, xyz가
8배수인 경우

8배수가 되어야 하므로 하나의 짝수는 8이 되어야 한다.

남은 두 홀수를 $2m'+1, 2n'+1$ (m', n'는 음이 아닌 정수)
이라고 하면

$$2m' + 1 + 2n' + 1 + 8 \leq 12$$
$$2m' + 2n' \leq 2$$
$$m' + n' \leq 1$$
$$m' + n' + \bigstar''' = 1 \ (\bigstar''' \text{는 음이 아닌 정수})$$
$${}_3H_1 = {}_3C_1 = 3$$

x, y, z 중 8이 될 문자 하나를 선택하고,
나머지 두 문자의 순서쌍의 개수는 (m', n')와 같으므로
$$3 \times 3 = 9$$
xyz가 8배수인 경우의 수는 ⅰ), ⅱ), ⅲ)에서 구한 값의
합이므로 $20 + 36 + 9 = 65$이다.
따라서 $185 - 65 = 120$이다.

20 정답 149

[출제자 : 서태욱T]
[풀이 : 유승희]
조건 (가)에 의하여 $f(-2) \neq -2$이다.
(ⅰ) $f(-2) = -1$일 때, $f(-1) = 1$
조건 (나)에 의해 $1 \leq 1 \leq |f(1)| \leq |f(2)|$이므로
$(|f(1)|, |f(2)|)$의 순서쌍의 개수는 ${}_2H_2$(가지)이고, 각
경우에 $(f(1), f(2))$의 순서쌍의 개수는 2^2(가지)씩이다.
따라서 $f(0)$의 5가지 경우를 곱하면
$${}_2H_2 \times 2^2 \times 5 = 60\text{(가지)}$$
이다.

(ⅱ) $f(-2) = 0$일 때, $f(0) = 1$
조건 (나)에 의해 $0 \leq |f(-1)| \leq |f(1)| \leq |f(2)|$이다.
① $f(-1) = 0,\ f(1) \neq 0,\ f(2) \neq 0$인 경우
$(|f(1)|, |f(2)|)$의 순서쌍의 개수는 ${}_2H_2$(가지)이고, 각
경우에 $(f(1), f(2))$의 순서쌍의 개수는 2^2(가지)씩이다.
$$\therefore\ {}_2H_2 \times 2^2 = 12\text{(가지)}$$
② $f(-1) = 0,\ f(1) = 0,\ f(2) \neq 0$인 경우
$f(2)$는 $-1, 1, -2, 2$이 될 수 있으므로
$$\therefore\ 4\text{(가지)}$$
③ $f(-1) = 0,\ f(1) = 0,\ f(2) = 0$인 경우
$$\therefore\ 1\text{(가지)}$$
④ $f(-1) \neq 0$일 때,
$(|f(-1)|, |f(1)|, |f(2)|)$의 순서쌍의 개수는
${}_2H_3$(가지)이고, 각 경우에 $(f(-1), f(1), f(2))$의 순서쌍의
개수는 2^3(가지)씩이다.
$$\therefore\ {}_2H_3 \times 2^3 = 32\text{(가지)}$$
따라서 ①, ②, ③, ④에 의하여
$$12 + 4 + 1 + 32 = 49\text{(가지)}$$
이다.
(ⅲ) $f(-2) = 1$일 때, $f(1) = 1$
$1 \leq |f(-1)| \leq 1 \leq |f(2)|$
$f(-1)$은 -1 또는 1이므로 2(가지)이고
$f(2)$는 $-1, 1, -2, 2$이므로 4(가지)이다.

따라서 $f(0)$의 5가지 경우를 곱하면
$$2 \times 4 \times 5 = 40\text{(가지)}$$
이다.
(ⅳ) $f(-2) = 2$일 때, $f(2) = 1$
이 경우는 조건 (나)에 모순이다.
따라서 (ⅰ) ~ (ⅳ)에서 구하는 경우의 수는
$60 + 49 + 40 = 149$(가지)이다.

21 정답 69

조건 (나)에서 a, b, c 중에서 홀수를 택하는 경우의 수는
$${}_3C_1 = 3$$
이 경우 중에서 a를 홀수라 하면 음이 아닌 정수 a'에 대하여
$$a = 2a' + 1$$
로 놓을 수 있고, 음이 아닌 정수 b', c'에 대하여
$$b = 2b',\ c = 2c'$$
로 놓을 수 있다. 이때 조건 (가)에서
$$(2a' + 1) + 2b' + 2c' + d = 2n + 1$$
이고 우변이 홀수이므로 음이 아닌 정수 d'에 대하여
$$d = 2d'$$
로 놓을 수 있다. 즉, 음이 아닌 정수 a', b', c', d'에 대하여
$$(2a' + 1) + 2b' + 2c' + 2d' = 2n + 1$$
즉, $a' + b' + c' + d' = n$
이 방정식을 만족시키는 음이 아닌 정수 a', b', c', d'의 모든
순서쌍 (a', b', c', d')의 개수는
$${}_4H_n = {}_{3+n}C_n = {}_{3+n}C_3 = \frac{(n+3)(n+2)(n+1)}{6}$$
따라서 구하는 순서쌍의 개수 a_n은 곱의 법칙에 의하여
$$a_n = 3 \times \frac{(n+3)(n+2)(n+1)}{6} = \frac{(n+3)(n+2)(n+1)}{2}$$
$$\frac{a_{29}}{a_{13}} = \frac{32 \times 31 \times 30}{16 \times 15 \times 14} = \frac{62}{7}$$
$p = 7,\ q = 62$이므로 $p + q = 69$

22 정답 32

주어진 식을 만족시키는 순서쌍 $(|x|, |y|, |z|)$는 $(6, 1, 0)$,
$(5, 2, 0)$, $(4, 3, 0)$, $(5, 1, 1)$,
$(3, 3, 1)$, $(3, 2, 2)$, $(4, 2, 1)$이다.

(i) 0을 포함할 때
$(6, 1, 0)$의 경우 (x, y, z)는 $(6, 1, 0)$, $(6, -1, 0)$,
$(-6, 1, 0)$, $(-6, -1, 0)$의 4쌍이 있고
$(5, 2, 0)$, $(4, 3, 0)$의 경우도 동일하므로 12개이다.
(ii) 0이 없고, 절댓값이 같은 수가 있을 때
$(5, 1, 1)$의 경우 (x, y, z)는 $(5, 1, -1)$,
$(5, -1, 1)$, $(-5, 1, -1)$, $(-5, -1, 1)$의 4쌍이 있고
$(3, 3, 1)$, $(3, 2, 2)$의 경우도 동일하므로 12개이다.
(iii) 0이 없고, 절댓값이 서로 다른 수일 때

$(4, 2, 1)$의 경우 (x, y, z)는 $(4, 2, 1)$, $(4, 2, -1)$, $(4, -2, 1)$, $(4, -2, -1)$, $(-4, 2, 1)$, $(-4, 2, -1)$, $(-4, -2, 1)$, $(-4, -2, -1)$의 8쌍이 있으므로 8개이다.
따라서 구하는 순서쌍의 개수는
$12 + 12 + 8 = 32$

23 정답 230

조건 (가), (나)에 의해 $f(x) = 5$인 집합 X의 원소 x의 개수는 1 또는 2이다.

(i) $f(x) = 5$인 원소 x가 1개인 경우
집합 X의 원소 중에서 $f(x) = 5$인 원소를 1개를 택하는 경우의 수는 $_5C_1 = 5$

조건 (나)에서 $\sum_{k=1}^{5} f(k) = 14$이므로 $f(x) = 5$가 아닌 나머지 네 함숫값을 a, b, c, d 라 하면
$a + b + c + d = 9$ (a, b, c, d는 4이하의 자연수)
$a = a' + 1, \ b = b' + 1, \ c = c' + 1, \ d = d' + 1$이라 하면
$a' + b' + c' + d' = 5$ (a', b', c', d'은 3 이하의 음이 아닌 정수)
이 방정식을 만족시키는 순서쌍 (a', b', c', d')의 개수는 중복조합의 수 $_4H_5$ 에서 a', b', c', d' 중 하나가 4인 경우의 수와 5인 경우의 수를 뺀 것과 같으므로
$_4H_5 - 12 - 4 = {}_8C_5 - 16 = {}_8C_3 - 16$
$$= \frac{8 \times 7 \times 6}{3 \times 2 \times 1} - 16 = 40$$
따라서 $f(x) = 5$인 원소 x가 1개인 함수 f의 개수는
$5 \times 40 = 200$

(ii) $f(x) = 5$인 원소 x가 2개인 경우
집합 X의 원소 중에서 $f(x) = 5$인 원소 2개를 택하는 경우의 수는 $_5C_2 = \dfrac{5 \times 4}{2 \times 1} = 10$

조건 (나)에서 $\sum_{k=1}^{5} f(k) = 14$이므로 $f(x) = 5$가 아닌 나머지 세 함숫값을 a, b, c 라 하면
$a + b + c = 4$ (a, b, c는 4 이하의 자연수)
이 방정식을 만족시키는 순서쌍 (a, b, c)의 개수는
$(2, 1, 1), (1, 2, 1), (1, 1, 2)$의 3이다.
따라서 $f(x) = 5$인 원소 x가 2개인 함수 f의 개수는
$10 \times 3 = 30$
(i), (ii)에 의해 구하는 함수 f의 개수는
$200 + 30 = 230$

24 정답 48

홀수와 짝수는 각각 25개씩이므로 이 중 n개의 홀수와 m개의 짝수를 원소로 갖는 부분집합의 개수는 $_{25}C_n \times {}_{25}C_m$이다.
따라서 구하는 부분집합의 개수는
$_{25}C_{13} \times ({}_{25}C_0 + {}_{25}C_1 + {}_{25}C_2 + \cdots + {}_{25}C_{12})$
$\quad + {}_{25}C_{14} \times ({}_{25}C_0 + {}_{25}C_1 + {}_{25}C_2 + \cdots + {}_{25}C_{12}) + \cdots$
$\quad + {}_{25}C_{25} \times ({}_{25}C_0 + {}_{25}C_1 + {}_{25}C_2 + \cdots + {}_{25}C_{12})$
$= ({}_{25}C_{13} + {}_{25}C_{14} + {}_{25}C_{15} + \cdots + {}_{25}C_{25})$
$\quad\quad \times ({}_{25}C_0 + {}_{25}C_1 + {}_{25}C_2 + \cdots + {}_{25}C_{12})$
$$= \sum_{r=13}^{25} {}_{25}C_r \times \sum_{r=0}^{12} {}_{25}C_r$$
$$= \sum_{r=0}^{12} {}_{25}C_r \times \sum_{r=0}^{12} {}_{25}C_r$$
$$= \left(\frac{1}{2} \times 2^{25}\right)\left(\frac{1}{2} \times 2^{25}\right)$$
$$= 2^{24} \times 2^{24} = 2^{48}$$

25 정답 9

(가)에서 $(f(4), f(6))$은 $(1, 5)$ 또는 $(2, 4)$ 또는 $(3, 3)$이다.
(1) $f(4) = 1$, $f(6) = 5$인 경우

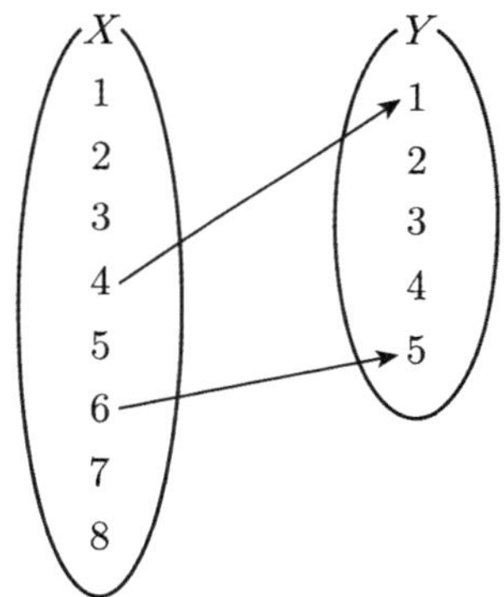

(나), (다)조건을 동시에 만족시킬 수 없다.
(2) $f(4) = 2$, $f(6) = 4$인 경우

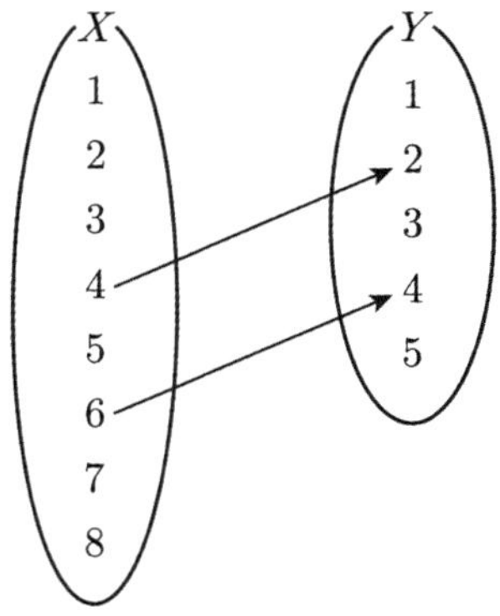

$f(5) = 3$이고
(i) 1에 대응하는 개수를 a, 2에 대응하는 개수를 b라 두면
$a + b = 3$이고 $a \geq 1$, $b \geq 0$
$a - 1 = a'$라 두면 $a' \geq 0$

$a' + b = 2$

$_2H_2 = {}_3C_2 = 3$

(ii) 4에 대응하는 개수를 c, 5에 대응하는 개수를 d라 두면

$c + d = 2$이고 $c \geq 0$, $b \geq 1$

$d - 1 = d'$라 두면 $d' \geq 0$

$c + d' = 1$

$_2H_1 = {}_2C_1 = 2$

그러므로 (i)×(ii)에서 $3 \times 2 = 6$

(3) $f(4) = 3$, $f(6) = 3$인 경우

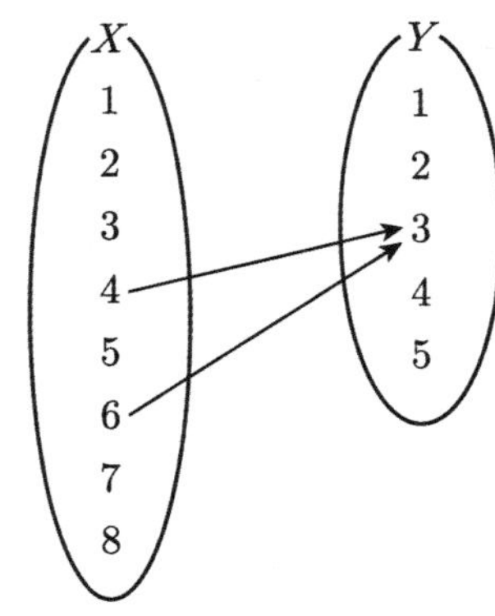

$f(5) = 3$이고

1에 대응하는 개수를 a, 2에 대응하는 개수를 b. 3에 대응하는 개수를 c라 두면,

$a + b + c = 3$이고 $a \geq 1$, $b \geq 1$, $c \geq 0$

$a - 1 = a'$라 두면 $a' \geq 0$, $b - 1 = b'$라 두면 $a' \geq 0$

$a' + b' + c = 1$

$_3H_1 = {}_3C_1 = 3$이고

$f(7) = 4$, $f(8) = 5$이므로 3가지

그러므로 (1), (2), (3)에서 $6 + 3 = 9$

26 정답 136

자연수 중 9의 배수는 각 자리의 수의 합이 9의 배수이다.

따라서 네 수의 합이 9, 18 인 경우를 생각하면 되겠다.

(i) 합이 9인 경우

$9 = 6 + 1 + 1 + 1 \rightarrow \dfrac{4!}{3!} = 4$

$ = 5 + 2 + 1 + 1 \rightarrow \dfrac{4!}{2!} = 12$

$ = 4 + 2 + 2 + 1 \rightarrow \dfrac{4!}{2!} = 12$

$ = 4 + 3 + 1 + 1 \rightarrow \dfrac{4!}{2!} = 12$

$ = 3 + 3 + 2 + 1 \rightarrow \dfrac{4!}{2!} = 12$

$ = 3 + 2 + 2 + 2 \rightarrow \dfrac{4!}{3!} = 4$

따라서 $4 \times 2 + 12 \times 4 = 56$

(ii) 합이 18인 경우

$18 = 6 + 6 + 5 + 1 \rightarrow \dfrac{4!}{2!} = 12$

$ = 6 + 6 + 4 + 2 \rightarrow \dfrac{4!}{2!} = 12$

$ = 6 + 6 + 3 + 3 \rightarrow \dfrac{4!}{2!2!} = 6$

$ = 6 + 5 + 5 + 2 \rightarrow \dfrac{4!}{2!} = 12$

$ = 6 + 5 + 4 + 3 \rightarrow 4! = 24$

$ = 6 + 4 + 4 + 4 \rightarrow \dfrac{4!}{3!} = 4$

$ = 5 + 5 + 5 + 3 \rightarrow \dfrac{4!}{3!} = 4$

$ = 5 + 5 + 4 + 4 \rightarrow \dfrac{4!}{2!2!} = 6$

따라서 $12 \times 3 + 24 + 6 \times 2 + 4 \times 2 = 80$

(i), (ii)에서 $56 + 80 = 136$

[다른 풀이]–유승희T

각 자리의 수가 a, b, c, d라 하자.

네 자리 자연수

$a \times 10^3 + b \times 10^2 + c \times 10 + d$ 가 조건의 만족하려면

a, b, c, d는 모두 6이하의 자연수이고

$a + b + c + d = 9$, 18인 경우이다.

(1) $a + b + c + d = 9$인 경우의 수는 $_4H_5 = {}_8C_5 = 56$

(2) $a + b + c + d = 18$인 경우의 수는

$6 - a = a'$, $6 - b = b'$, $6 - c = c'$, $6 - d = d'$라 하면

$a' + b' + c' + d' = 6$ (a', b', c', d'는 음아닌 5이하의 정수)

6이 들어가는 4가지는 만족하지 않는다.

$\therefore {}_4H_6 - 4 = {}_9C_6 - 4 = 80$

(1), (2)에서

$\therefore 56 + 80 = 136$

27 정답 ③

$_5H_5 = 126$

→ 바구니에 담긴 막대사탕 A, B, C, D, E의 개수를 각각 a, b, c, d, e라 하자.

$a + b + c + d + e = 25$이다.

각 바구니에 적어도 하나의 사탕을 담으므로 미리 하나씩 담아두면

0이상 5이하의 정수 a', b', c', d', e'에 대하여

$a' + b' + c' + d' + e' = 20$이라 할 수 있다.

0이상 5이하의 정수 x, y, z, s, t에 대하여

$a' = 5 - x$, $b' = 5 - y$, $c' = 5 - z$, $d' = 5 - s$, $e' = 5 - t$라 하면

$a' + b' + c' + d' + e' = 20$

$\rightarrow 25 - (x + y + z + s + t) = 20$

$x + y + z + s + t = 5$의 음이 아닌 정수해와 같다.

따라서 $_5H_5 = {}_9C_4 = 126$

28 정답 896

(i) 검은색 볼펜 2자루가 포함되는 경우
검은색 볼펜 2자루를 나눠주는 경우의 수 $_3H_2 = 6$가지
파란색 볼펜 4자루, 빨간색 볼펜 0자루를 나눠주는 경우의 수 ⇨
$_3H_4 \times _3H_0 = 15$(대칭)
파란색 볼펜 3자루, 빨간색 볼펜 1자루를 나눠주는 경우의 수 ⇨
$_3H_3 \times _3H_1 = 30$(대칭)
파란색 볼펜 2자루, 빨간색 볼펜 2자루를 나눠주는 경우의 수 ⇨
$_3H_2 \times _3H_2 = 36$
따라서 $6 \times (15 + 30 + 36 + 30 + 15) = 756$

(ii) 검은색 볼펜 1자루가 포함되는 경우
검은색 볼펜 1자루를 나눠주는 경우의 수 $_3H_1 = 3$가지
파란색 볼펜 4자루, 빨간색 볼펜 1자루를 나눠주는 경우의 수 ⇨
$_3H_4 \times _3H_1 = 45$(대칭)
파란색 볼펜 3자루, 빨간색 볼펜 2자루를 나눠주는 경우의 수 ⇨
$_3H_3 \times _3H_2 = 60$(대칭)
파란색 볼펜 0자루, 빨간색 볼펜 5자루를 나눠주는 경우의 수 ⇨
$_3H_0 \times _3H_5 = 21$
따라서 $3 \times (45 + 60 + 60 + 45 + 21) = 693$

(iii) 검은색 볼펜이 포함되지 않는 경우
파란색 볼펜 4자루, 빨간색 볼펜 2자루를 나눠주는 경우의 수 ⇨
$_3H_4 \times _3H_2 = 90$(대칭)
파란색 볼펜 3자루, 빨간색 볼펜 3자루를 나눠주는 경우의 수 ⇨
$_3H_3 \times _3H_3 = 100$
파란색 볼펜 1자루, 빨간색 볼펜 5자루를 나눠주는 경우의 수 ⇨
$_3H_1 \times _3H_5 = 63$
따라서 $90 + 90 + 100 + 63 = 343$

(i), (ii), (iii) 에서 $S = 756 + 693 + 343 = 1792$

$\therefore \dfrac{S}{2} = 896$

29 정답 35

(나)조건을 만족하는 치역은
$\{0, 5\}, \{1, 4\}, \{0, 1, 4\}, \{2, 3\}, \{0, 2, 3\}$

(i) 치역의 원소의 개수가 2인 나머지 경우 (치역이 $\{0, 5\}$,
$\{1, 4\}, \{2, 3\}$)
치역이 $\{0, 5\}$인 경우로 생각해 보자.
(가)에 의해 $f(0) = 0$, $f(5) = 5$이고 원소 1, 2, 3, 4는 중복을
허용하여 0, 5에 대응하면 되므로 $_2H_4 = _5C_1 = 5$
따라서 $5 \times 3 = 15$
(ii) 치역의 원소의 개수가 3인 경우 (치역이 $\{0, 1, 4\}$,
$\{0, 2, 3\}$)
치역이 $\{0, 1, 4\}$인 경우로 생각해 보자.

(가)에 의해 $f(0) = 0$, $f(5) = 4$이고 원소 1, 2, 3, 4는 중복을
허용하여 0, 1, 4에 대응하면 되므로 $_3H_4 = _6C_2 = \dfrac{6 \times 5}{2} = 15$
그런데 원소 1, 2, 3, 4는 중복을 허용하여 0, 4에만 대응되는
함수는 제외해야 한다.
$_2H_4 = _5C_1 = 5$
따라서 $15 - 5 = 10$
그러므로 $10 \times 2 = 20$이다.
(i), (ii)에서
$15 + 20 = 35$

30 정답 721

세 학생을 A, B, C 라 하자.
(i) 한 학생이 흰 공 3개를 받는 경우
세 학생 A, B, C중 흰 공 3개를 받는 학생을 선택→$_3C_1 = 3$
흰 공 3개를 받은 학생을 포함하여 빨간 공과 검은 공을 나눠
주는 경우의 수
→ $_3H_3 \times _3H_3 = 10 \times 10 = 100$
흰 공 3개를 받은 학생을 포함하지 않고 빨간 공과 검은 공을
나눠 주는 경우의 수
→ $_2H_3 \times _2H_3 = 4 \times 4 = 16$
그러므로
흰 공을 받은 학생은 빨간 공과 검은 공 중 적어도 1개 이상
받도록 나누어 주는 경우의 수는 $3 \times (100 - 16) = 252$

(ii) 두 학생이 3개의 흰 공을 받는 경우
세 학생 A, B, C중 흰 공 3개를 받는 학생을 선택→$_3C_2 = 3$
2개, 1개 나눠 주는 경우의 수→2
흰 공을 받은 두 학생을 포함하여 빨간 공과 검은 공을 나눠 주는
경우의 수
→ $_3H_3 \times _3H_3 = 10 \times 10 = 100$
흰 공을 받은 학생이 A, B 라면
A, B 가 각각 빨간 공 또는 검은 공을 받지 못하는 경우를
제외하면 된다.
A, C 에게만 빨간 공과 검은 공을 나눠 주는 경우의
수→$_2H_3 \times _2H_3 = 4 \times 4 = 16$
B, C 에게만 빨간 공과 검은 공을 나눠 주는 경우의
수→$_2H_3 \times _2H_3 = 4 \times 4 = 16$
이때, C 에게만 빨간 공과 검은 공을 모두 주는 경우의 수는 중복
된다. →$_1H_3 \times _1H_3 = 1$
그러므로
흰 공을 받은 학생은 빨간 공과 검은 공 중 적어도 1개 이상
받도록 나누어 주는 경우의 수는
$3 \times 2 \times (100 - 16 \times 2 + 1) = 6 \times 69 = 414$

(iii) 세 학생이 흰 공을 각각 1개씩 받는 경우
빨간 공과 검은 공을 나눠 주는 경우의 수
→ $_3H_3 \times _3H_3 = 10 \times 10 = 100$

세 명 중 두 명만 빨간 공과 검은 공을 받는 경우
$\to {}_3C_2 \times ({}_2H_3 \times {}_2H_3 - 2) = 3 \times 14 = 42$
한 명만 빨간 공과 검은 공을 모두 받는 경우
$\to 3 \times {}_1H_3 \times {}_1H_3 = 3$
그러므로
흰 공을 받은 학생은 빨간 공과 검은 공 중 적어도 1개 이상
받도록 나누어 주는 경우의 수는 $100 - 42 - 3 = 55$

(i), (ii), (iii) 에서
$252 + 414 + 55 = 721$

31 정답 357

도보로 이동하는 날을 $\boxed{도}$, 버스로 이동하는 날을 $\boxed{버}$ 라고
하자.

| | 도 | | 도 | | 도 | | 도 | | 도 | | 도 | |

그림과 같이 $\boxed{도}$ 사이 빈칸에 $\boxed{버}$ 를 조건에 맞게 넣는다고
생각하면 되겠다.
$\boxed{버}$ 가 3일 이상 연속하지 않으려면 $2+2+2+2=8$일 때,
최소 빈 칸 4개가 필요하다.

(i) 빈 칸 4개에 $\boxed{버}$ 를 넣는 경우
7개의 빈 칸 중 4개를 선택한 후 2, 2, 2, 2를 나열하면 된다.
$\Rightarrow {}_7C_4 \times \dfrac{4!}{4!} = {}_7C_3 = \dfrac{7 \times 6 \times 5}{3 \times 2 \times 1} = 35$

(ii) 빈 칸 5개에 $\boxed{버}$ 를 넣는 경우
7개의 빈 칸 중 5개를 선택한 후 2, 2, 2, 1, 1을 나열하면
된다.
$\Rightarrow {}_7C_5 \times \dfrac{5!}{3!2!} = {}_7C_2 \times 10 = \dfrac{7 \times 6}{2 \times 1} \times 10 = 210$

(iii) 빈 칸 6개에 $\boxed{버}$ 를 넣는 경우
7개의 빈 칸 중 6개를 선택한 후 2, 2, 1, 1, 1, 1을 나열하면
된다.
$\Rightarrow {}_7C_6 \times \dfrac{6!}{2!4!} = {}_7C_1 \times 15 = 7 \times 15 = 105$

(iv) 빈 칸 7개에 $\boxed{버}$ 를 넣는 경우
7개의 빈 칸 중 6개를 선택한 후 2, 1, 1, 1, 1, 1, 1을
나열하면 된다.
$\Rightarrow {}_7C_7 \times \dfrac{7!}{6!} = 7$

(i)~(iv)에서 $35 + 210 + 105 + 7 = 357$

[다른 풀이]–서영만T
도보로 이동하는 경우를 a, 버스로 이동하는 경우를 b라 하고
도보로 이동하는 날을 배치한 후 그 사이에 버스로 이동하는
날을 조건에 맞게 배치하면 된다. 즉 $A\,a\,B\,a\,C\,a\,D\,a\,E\,a\,F\,a\,G$
에서 A, B, C, D, E, F, G에 b를 조건에 맞게 넣으면 된다.
A에 들어가는 b의 개수를 x_1, B에 들어가는 b의 개수를 x_2,
C에 들어가는 b의 개수를 x_3, D에 들어가는 b의 개수를 x_4,

E에 들어가는 b의 개수를 x_5, F에 들어가는 b의 개수를 x_6,
G에 들어가는 b의 개수를 x_7이라 할 때,
$x_1 + x_2 + x_3 + x_4 + x_5 + x_6 + x_7 = 8\,(0 \leq x_1, x_2, \cdots, x_7 \leq 2)$의
정수의 순서쌍 개수와 같다.

(i) $(2, 2, 2, 2, 0, 0, 0) \Rightarrow \dfrac{7!}{4!3!} = 35$

(ii) $(2, 2, 2, 1, 1, 0, 0) \Rightarrow \dfrac{7!}{3!2!2!} = 210$

(iii) $(2, 2, 1, 1, 1, 1, 0) \Rightarrow \dfrac{7!}{4!2!} = 105$

(iv) $(2, 1, 1, 1, 1, 1, 1) \Rightarrow \dfrac{7!}{6!} = 7$

(i), (ii), (iii), (iv)에서 구하는 경우의 수는
$35 + 210 + 105 + 7 = 357$이다.

32 정답 269

선택된 27개의 라면 중 신라면, 진라면, 너구리, 안성탕면,
삼양라면의 개수를 각각 a, b, c, d, e라고 하자.
(i) $3 \leq a \leq 10$, $3 \leq b \leq 10$, $3 \leq c \leq 10$,
$3 \leq d \leq 10$, $3 \leq e \leq 10$ 일 때
$a+b+c+d+e = 27$에서
$a' = a-3, \cdots, e' = e-3$ 라 두면
$0 \leq a' \leq 7$, $0 \leq b' \leq 7$, $0 \leq c' \leq 7$,
$0 \leq d' \leq 7$, $0 \leq e' \leq 7$
$a'+b'+c'+d'+e' = 12 \Rightarrow$
${}_5H_{12} - {}_5C_1 \times {}_5H_4 = {}_{16}C_4 - {}_5C_1 \times {}_8C_4 = 1820 - 350 = 1470$

(ii) $3 \leq d \leq 10$, $e = 0$인 경우
$a+b+c+d = 27$에서
$a' = a-3, \cdots, d' = d-3$ 라 두면
$0 \leq a' \leq 7$, $0 \leq b' \leq 7$, $0 \leq c' \leq 7$,
$0 \leq d' \leq 7$
$a'+b'+c'+d' = 15$이다.
$a'+b'+c'+d' = 15$의 경우의 수는

$a'+b'+c'+d' = 13$의 경우와 같다.
$\Rightarrow {}_4H_{13} - {}_4C_1 \times {}_4H_5 = {}_{16}C_3 - {}_4C_1 \times {}_8C_3 = 560 - 224 = 336 \Rightarrow$
계산 방법 [랑데뷰 세미나(203),(204) 참고]

(iii) $d = 0$, $3 \leq e \leq 10$인 경우 $\to$ (ii)와 같다.
(iv) $d = 0$, $e = 0$인 경우
$a+b+c = 27$에서
$a' = a-3, \cdots, c' = c-3$ 라 두면
$0 \leq a' \leq 7$, $0 \leq b' \leq 7$, $0 \leq c' \leq 7$
$a'+b'+c' = 18$이다.
$a'+b'+c' = 18$의 경우의 수는 $a'+b'+c' = 3$과 같다.
$\Rightarrow {}_3H_3 = {}_5C_2 = 10$

따라서 (i)~(iv)에서
$a = 1470 + 336 + 336 + 10 = 2152$
따라서 $\dfrac{a}{8} = \dfrac{2152}{8} = 269$

33 정답 777

각 빵의 개수를 a, b, c, d, e라 하면
$a+b+c+d+e=30$이다.
(가) 조건에 의해서 $a \geq 5$, $b \geq 5$, $c \geq 5$이다.
(나) 조건에 의해서 $d \geq 4$ 이거나 $d=0$이다.
(다) 조건에 의해서 $e \geq 3$ 이거나 $e=0$이다.
(1) $a \geq 5$, $b \geq 5$, $c \geq 5$, $d \geq 4$, $e \geq 3$ 인 경우
$a-5=a'$, $b-5=b'$, $c-5=c'$, $d-4=d'$, $e-3=e'$라 하면
$a+b+c+d+e=30 \Rightarrow a'+b'+c'+d'+e'=8$
$0 \leq a',b',c' \leq 5$, $0 \leq d' \leq 6$, $0 \leq e' \leq 7$
(i) $e'=7$일 때, $a'+b'+c'+d'=1 \rightarrow {}_4H_1=4$
(ii) $e'=6$일 때, $a'+b'+c'+d'=2 \rightarrow {}_4H_2={}_5C_2=10$
(iii) $d'=6$일 때, $a'+b'+c'+e'=2 \rightarrow {}_4H_2={}_5C_2=10$
(iv) $0 \leq a',b',c',d',e' \leq 5$이고
$a'+b'+c'+d'+e'=8$일 때
${}_5H_8-{}_5C_1 \times {}_5H_2={}_{12}C_4-{}_5C_1 \times {}_6C_2=495-75=420$
(i)~(iv)에서 $4+10+10+420=444$

(2) $a \geq 5$, $b \geq 5$, $c \geq 5$, $d \geq 4$, $e=0$ 인 경우
$a-5=a'$, $b-5=b'$, $c-5=c'$, $d-4=d'$라 하면
$a+b+c+d+e=30 \Rightarrow a'+b'+c'+d'=11$
$0 \leq a',b',c' \leq 5$, $0 \leq d' \leq 6$
(i) $d'=6$일 때, $a'+b'+c'=5 \rightarrow {}_3H_5={}_7C_2=21$
(ii) $0 \leq a',b',c',d' \leq 5$일 때, $a'+b'+c'+d'=11$의 정수해의 개수는 $a'+b'+c'+d'=9$의 정수해의 개수와 같다.
따라서
${}_4H_9-{}_4C_1 \times {}_4H_3={}_{12}C_3-{}_4C_1 \times {}_6C_3=220-80=140$
(i), (ii)에서 $21+140=161$

(3) $a \geq 5$, $b \geq 5$, $c \geq 5$, $d=0$, $e \geq 3$ 인 경우
$a-5=a'$, $b-5=b'$, $c-5=c'$, $e-3=e'$라 하면
$a+b+c+d+e=30 \Rightarrow a'+b'+c'+e'=12$
$0 \leq a',b',c' \leq 5$, $0 \leq e' \leq 7$
(i) $e'=7$일 때, $a'+b'+c'=5 \rightarrow {}_3H_5={}_7C_2=21$
(ii) $e'=6$일 때, $a'+b'+c'=6 \rightarrow {}_3H_6-{}_3C_1={}_8C_2-3=25$
(iii) $0 \leq a',b',c',e' \leq 5$일 때, $a'+b'+c'+e'=12$의 값은 $a'+b'+c'+e'=8$와 같다.
따라서
${}_4H_8-{}_4C_1 \times {}_4H_2={}_{11}C_3-{}_4C_1 \times {}_5C_2=165-40=125$
$21+25+125=171$

(4) $a \geq 5$, $b \geq 5$, $c \geq 5$, $d=0$, $e=0$ 인 경우
$a-5=a'$, $b-5=b'$, $c-5=c'$라 하면
$a+b+c+d+e=30 \Rightarrow a'+b'+c'=15$이고
$0 \leq a',b',c' \leq 5$일 때, $a'+b'+c'=15$의 정수해의 개수는 $a'+b'+c'=0$의 정수해의 개수와 같다.
따라서 1가지
(1)~(4)에서
$444+161+171+1=777$

34 정답 80

다음 그림과 같이 정사각형 R의 모든 변을 지나기 위해서는 경로에 꼭짓점 A′와 꼭짓점 B′가 반드시 포함된다.
A→A′→B′→B→B′→A′로 움직이는 경로에서 A→A′로 움직이는 경로만 결정해 주면 A′→B′→B→B′→A′의 경로는 항상 $2\times2=4$로 일정하다. (정사각형 R은 지나간 경로가 아닌 경로로 돌아와야 하고 정사각형 T는 지나간 경로로 다시 돌아와야 한다.)

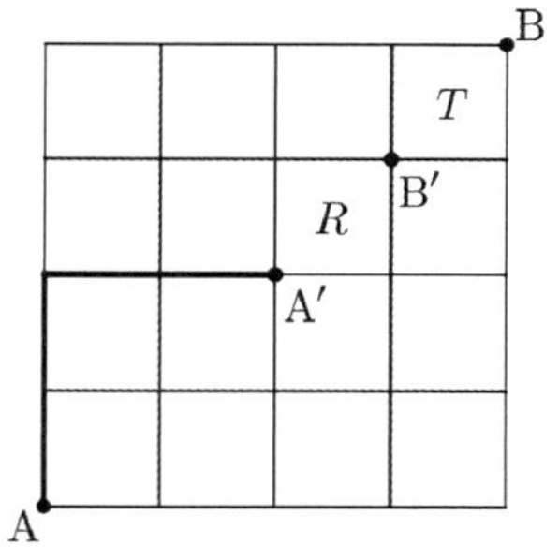

따라서 A→A′경로에 대해서만 경우의 수를 나눠서 다음과 같이 결정하면 된다.

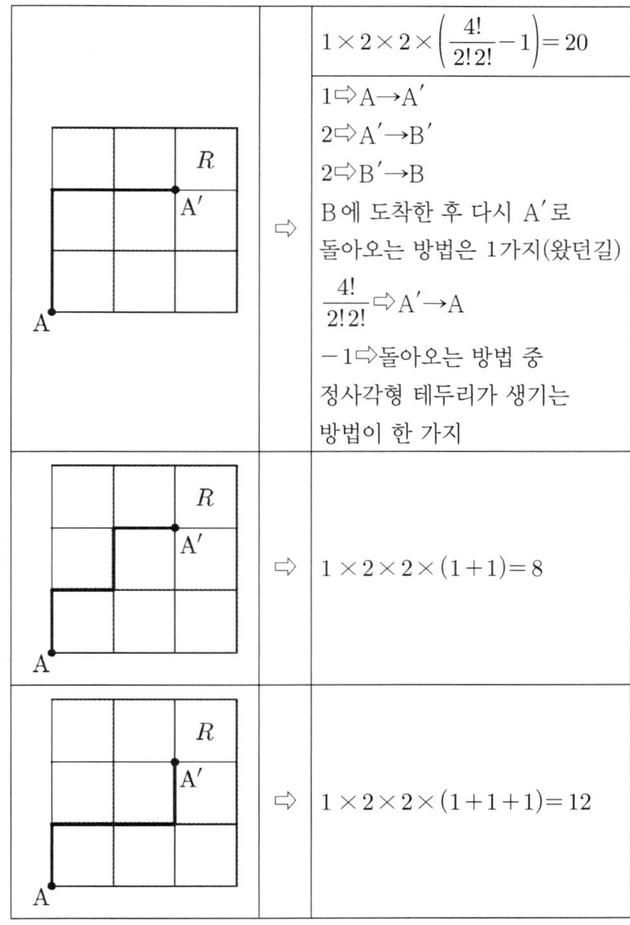

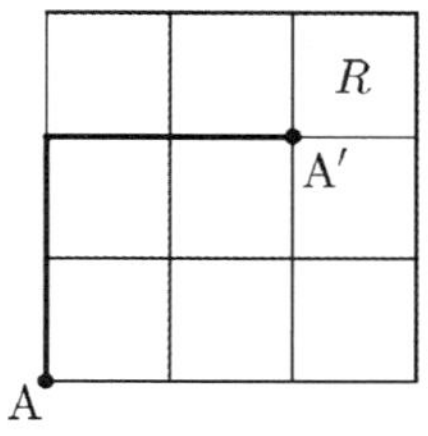	⇨	$1\times2\times2\times\left(\frac{4!}{2!2!}-1\right)=20$ 1⇨A→A′ 2⇨A′→B′ 2⇨B′→B B에 도착한 후 다시 A′로 돌아오는 방법은 1가지(왔던길) $\frac{4!}{2!2!}$⇨A′→A -1⇨돌아오는 방법 중 정사각형 테두리가 생기는 방법이 한 가지
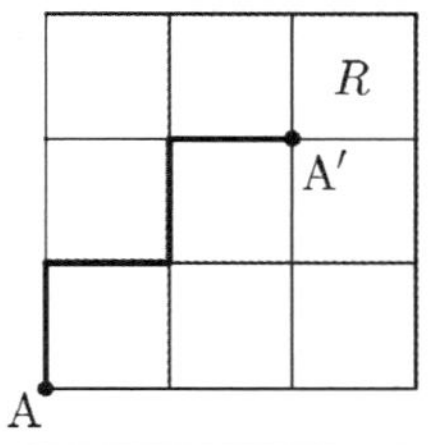	⇨	$1\times2\times2\times(1+1)=8$
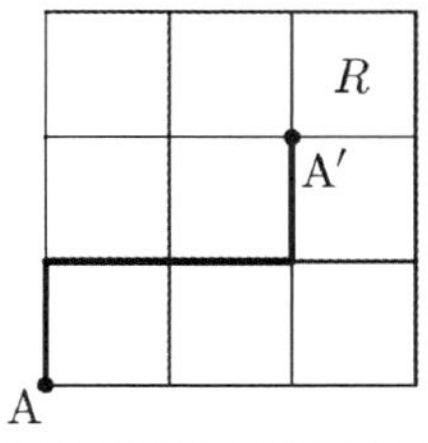	⇨	$1\times2\times2\times(1+1+1)=12$

나머지 경우는 대칭성에 의해 위와 같다.
따라서 $40\times2=80$

35 정답 25

세 조건에 의하여 1단원 문제는 3개를 포함하고 2단원 문제가
적어도 한 개는 포함되어야 하므로 6개의 문제를 뽑아 시험지를
만드는 경우의 수는 다음과 같다.

(i) 2단원 문제가 한 개 포함되는 경우

$1, 1, 1, 2, 3, 3$에서 $(1112), 3, 3$을 배치해야 하므로 $\dfrac{3!}{2!}=3$

(ii) 2단원 문제가 두 개 포함되는 경우

$1, 1, 1, 2, 2, 3$에서

$(112), (12), 3$을 배치해야 하므로

$3! = 6$

$(1112), 2, 3$을 배치해야 하므로

$3! = 6$

(iii) 2단원 문제가 세 개 포함되는 경우

$1, 1, 1, 2, 2, 2$에서

$(1112), 2, 2$를 배치해야 하므로

$\dfrac{3!}{2!}=3$

$(112), (12), 2$를 배치해야 하므로

$3! = 6$

$(12), (12), (12)$를 배치해야 하므로

$\dfrac{3!}{3!}=1$

(i)~(iii)에 의하여 구하는 경우의 수는

$3 + 6 + 6 + 3 + 6 + 1 = 25$

36 정답 240

(i) b와 b가 이웃하는 경우 → $\dfrac{7!}{4!2!}=105$

(ii) 두 개의 b사이에 2개의 문자가 오는 경우

즉, $b \star\star b\ \star\star\star\star$ 인 경우

㉠ $\star\star : aa,\ \star\star\star\star : aacc \rightarrow 1 \times \dfrac{5!}{2!2!}=30$가지

㉡ $\star\star : ac,\ \star\star\star\star : aaac \rightarrow 2! \times \dfrac{5!}{3!}=40$가지

㉢ $\star\star : cc,\ \star\star\star\star : aaaa \rightarrow 1 \times \dfrac{5!}{4!}=5$가지

따라서 $30 + 40 + 5 = 75$

(iii) 두 개의 b사이에 4개의 문자가 오는 경우

즉, $b\star\star\star\star b\ \star\star$ 인 경우

㉠ $\star\star\star\star : aaaa,\ \star\star : cc \rightarrow 1 \times \dfrac{3!}{2!}=3$가지

㉡ $\star\star\star\star : aaac,\ \star\star : ac \rightarrow \dfrac{4!}{3!} \times 3! = 24$가지

㉢ $\star\star\star\star : aacc,\ \star\star : aa \rightarrow \dfrac{4!}{2!2!} \times \dfrac{3!}{2!}=18$가지

따라서 $3 + 24 + 18 = 45$

(iv) 두 개의 b사이에 6개의 문자가 오는 경우

즉, $b\star\star\star\star\star\star b$ 인 경우 → $\dfrac{6!}{4!2!}=15$가지

(i), (ii), (iii), (iv)에 의해 $105 + 75 + 45 + 15 = 240$

[다른 풀이]–유승희T

b와 b가 이웃하지 않을 때→

b, b사이에 짝수개의 문자가 놓이도록 나열하려면

O			O′		O″		O‴	(3가지)
	O			O′		O″		(2가지)
	O				O′		O″	(2가지)
	O					O′		(1가지)
			O				O′	(1가지)

따라서, b, b를 놓을 수 있는 경우의 수는 9(가지)

a, a, a, a, c, c를 나열하는 경우는

$\dfrac{6!}{4!2!}=15$(가지) 이므로

$9 \times 15 = 135$(가지)

37 정답 15

15개의 공을 일렬로 나열할 때

15이하의 자연수 15개를 다음 그림과 같이 원 안에 넣는 경우를
생각하자.

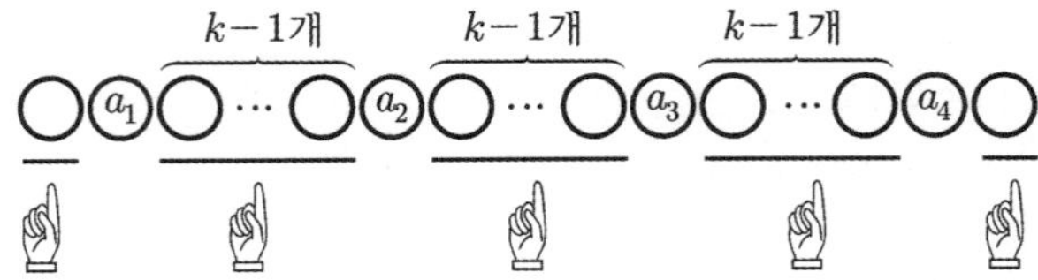

파란색 원에 들어가는 공에 순서대로 a_1, a_2, a_3, a_4를 써 넣고
파란색 공 사이의 원에 각각 $k-1$개씩의 공을 넣으면 15개의 공
중 남은 공이

$15 - 4 - 3(k-1) = 14 - 3k$개가 남는다.

남은 $14-3k$개의 공을 ☝ 표시된 5곳에 넣고 왼쪽부터 1부터
15까지 써 넣으면 문제에서 요구하는 상황이 된다. ⇨

$_5\mathrm{H}_{14-3k} = {}_{18-3k}\mathrm{C}_4$

따라서 $b_k = \dfrac{(18-3k)(17-3k)(16-3k)(15-3k)}{4 \times 3 \times 2 \times 1}$

그러므로

$$\sum_{k=1}^{4} \dfrac{b_k}{(17-k)(16-k)}$$

$$= \sum_{k=1}^{4} \dfrac{_5\mathrm{H}_{14-3k}}{(17-3k)(16-3k)}$$

$$= \dfrac{1}{24} \sum_{k=1}^{4} \dfrac{(18-3k)(17-3k)(16-3k)(15-3k)}{(17-3k)(16-3k)}$$

$$= \dfrac{3}{8} \sum_{k=1}^{4} (5-k)(6-k)$$

$$= \dfrac{3}{8} \times 40 = 15$$

[다른 풀이]-1

자연수 a, x, y, z에 대하여

$a_1 = a$

$a_2 = a + x$

$a_3 = a + x + y$

$a_4 = a + x + y + z$ 라 할 수 있다.

$a_4 \le 15$이므로

$a + x + y + z \le 15$이다. $\cdots$ ㉠

$u \ge 0$인 정수에 대하여

$a + x + y + z + u = 15$로 해석할 수 있다.

$a \ge 1$, $x \ge k$, $y \ge k$, $z \ge k$이므로

$a' + x' + y' + z' + u = 14 - 3k$을 만족하는 0이상의 정수 a', x', y', z'을 생각하면

만족하는 경우의 수는 $_5H_{14-3k}$이다.

[다른 풀이]-2

자연수 a, x, y, z에 대하여

$a_1 = a$

$a_2 = a + x$

$a_3 = a + x + y$

$a_4 = a + x + y + z$ 라 할 수 있다.

$a_4 \le 15$이므로

$a + x - y + z \le 15$이다. $\cdots$ ㉠

$u \ge 0$인 정수에 대하여

$a + x - y + z + u = 15$로 해석할 수 있다.

(i) $k = 1$일 때, $a \ge 1$, $x \ge 1$, $y \ge 1$, $z \ge 1$

$a' \ge 0$, $x' \ge 0$, $y' \ge 0$, $u' \ge 0$

$a' + x' + y' + z' + u = 15 - 4 = 11$의 정수해의 개수가 b_1이다.

따라서 $b_1 = {}_5H_{11}$

(ii) $k = 2$일 때, $a \ge 1$, $x \ge 2$, $y \ge 2$, $z \ge 2$

$a' \ge 0$, $x' \ge 0$, $y' \ge 0$, $u' \ge 0$

$a' + x' + y' + z' + u = 15 - 7 = 8$의 정수해의 개수가 b_2이다.

따라서 $b_2 = {}_5H_8$

(iii) $k = 3$일 때, $a \ge 1$, $x \ge 3$, $y \ge 3$, $z \ge 3$

$a' \ge 0$, $x' \ge 0$, $y' \ge 0$, $u' \ge 0$

$a' + x' + y' + z' + u = 15 - 10 = 5$의 정수해의 개수가 b_3이다.

따라서 $b_3 = {}_5H_5$

(iv) $k = 4$일 때, $a \ge 1$, $x \ge 4$, $y \ge 4$, $z \ge 4$

$a' \ge 0$, $x' \ge 0$, $y' \ge 0$, $u' \ge 0$

$a' + x' + y' + z' + u = 15 - 13 = 2$의 정수해의 개수가 b_3이다.

따라서 $b_4 = {}_5H_2$

(i)~(iv)에서 $b_k = {}_5H_{14-3k} = {}_{18-3k}C_4$ 라 할 수 있다.

이하 동일

---

38 정답 45

$$_1C_1 \cdot {}_{38}C_3 + {}_2C_1 \cdot {}_{37}C_3 + \cdots + {}_{36}C_1 \cdot {}_3C_3$$
$$= {}_{38}C_3 + 2\,{}_{37}C_3 + 3\,{}_{36}C_3 + \cdots + 36\,{}_3C_3$$

$_{38}C_3$							
$_{37}C_3$	$_{37}C_3$						
$_{36}C_3$	$_{36}C_3$	$_{36}C_3$					
$_{35}C_3$	$_{35}C_3$	$_{35}C_3$	$_{35}C_3$				
$\cdots$	$\cdots$	$\cdots$	$\cdots$	$\cdots$			
$_4C_3$	$_4C_3$	$_4C_3$	$_4C_3$	$\cdots$	$_4C_3$		
$_3C_3$	$_3C_3$	$_3C_3$	$_3C_3$	$\cdots$	$_3C_3$	$_3C_3$	
$\downarrow$	$\downarrow$	$\downarrow$	$\downarrow$	$\cdots$	$\downarrow$	$\downarrow$	
$_{39}C_4$	$_{38}C_4$	$_{37}C_4$	$_{36}C_4$	$\cdots$	$_5C_4$	$_4C_4$	$\Rightarrow {}_{40}C_5$

[다른 풀이]

$\{1, 2, 3, \cdots, 40\}$의 집합에서 원소 5개를 뽑으려 할 때, 뽑은 원소를 $a < b < c < d < e$라 하자.

b를 기준으로 생각하면

(i) $b = 1$일 때, a가 존재하지 않으므로 $b \ne 1$이다.

(ii) $b = 2$일 때, $a = 1$이므로 1가지 → $_1C_1$이다.

c, d, e는 3~40까지 38개의 원소 중 3개를 뽑으면 되므로 $_{38}C_3$

따라서 $_1C_1 \times {}_{38}C_3$

(iii) $b = 3$일 때, a는 1, 2중 1개이므로 → $_2C_1$이다. c, d, e는 4~40까지 37개의 원소 중 3개를 뽑으면 되므로 $_{37}C_3$

따라서 $_2C_1 \times {}_{37}C_3$

$\cdots$ $\cdots$ $\cdots$ $\cdots$

(iv) $b = 37$일 때, a는 1~36중 1개이므로 → $_{36}C_1$이다.

c, d, e는 38, 39, 40중 3개를 뽑으면 되므로 $_3C_3$

따라서 $_{36}C_1 \times {}_3C_3$

(v) $b = 38, 39, 40$일 때, c, d, e가 존재하지 않는다.

(i)~(v)에서

$_1C_1 \cdot {}_{38}C_3 + {}_2C_1 \cdot {}_{37}C_3 + \cdots + {}_{36}C_1 \cdot {}_3C_3 = {}_{40}C_5$

$n = 40$, $r = 5$

$\therefore \ n + r = 45$

[랑데뷰팁]

a를 기준으로 생각하면 → $_{39}C_4 + {}_{38}C_4 + \cdots + {}_4C_4 = {}_{40}C_5$

c를 기준으로

생각하면 →

$_2C_2 \cdot {}_{37}C_2 + {}_3C_2 \cdot {}_{36}C_2 + \cdots + {}_{37}C_2 \cdot {}_2C_2 = {}_{40}C_5$

d를 기준으로

생각하면 →

$_3C_3 \cdot {}_{36}C_1 + {}_4C_3 \cdot {}_{35}C_1 + \cdots + {}_{38}C_3 \cdot {}_1C_1 = {}_{40}C_5$

e를 기준으로 생각하면 → $_4C_4 + {}_5C_4 + \cdots + {}_{39}C_4 = {}_{40}C_5$

⇨ 이 문제 아이디어의 확장!

5000원짜리 지폐를 갖고 있는 손님 8명을 x축
10000원짜리 지폐를 갖고 있는 손님 5명을 y축으로 잡았을 때
아래 그림과 같은 상황이다.

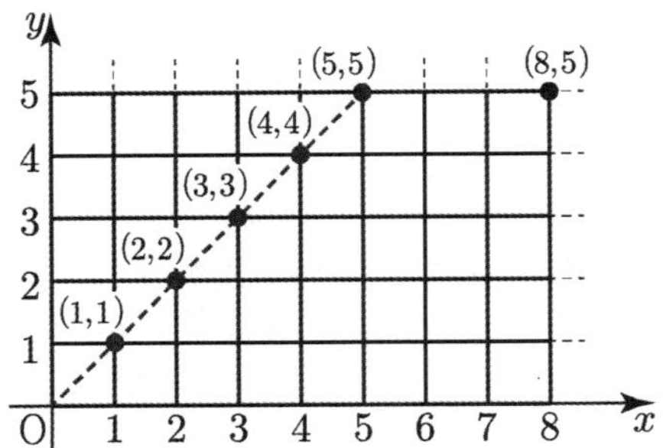

$(0, 0)$에서 $(8, 5)$까지 가는 최단거리 중 빨간색 점선 위로 가는
경우가 없도록 하면 문제 조건에 부합하는 경우가 된다.

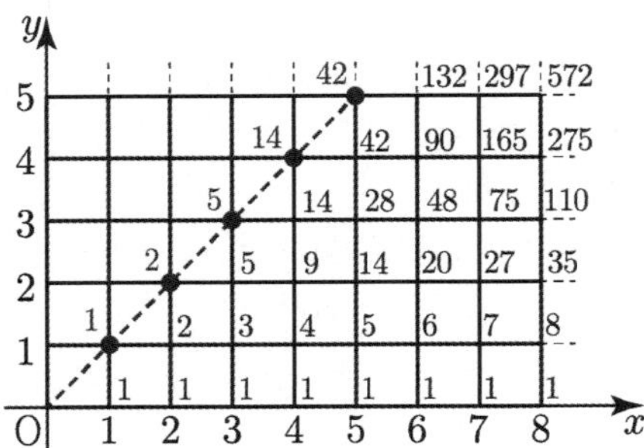

따라서 572가지

[다른 풀이]–랑데뷰세미나(192)(193) 참고

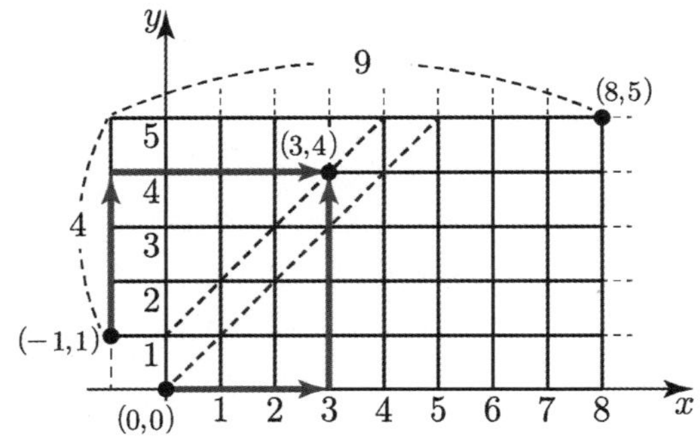

카탈란 수의 배열 원리로 풀어보자.
$(0, 0)$에서 $(8, 5)$까지 가는 총 경우의 수에서
빨간 점선 위의 파란 점선의 격자점을 적어도 하나 지나는
경우의 수를 제외하면 된다.
예를 들어 $(0, 0)$에서 $(3, 4)$까지 가는 경우를
$(-1, 1)$에서 $(3, 4)$까지 가는 경우로 생각할 수 있으므로
$(0, 0)$에서 파란색 점선의 격자점까지 이르는 최단 경로는
$(-1, 1)$에서 그 점까지 이르는 최단 경로와 같다. 따라서
$(0, 0)$에서 $(8, 5)$까지 파란색 점선의 격자점을 지나가는
최단경로의 수는 $(-1, 1)$에서 $(8, 5)$까지 가는 최단 경로의 수와
같다.
따라서 $_{8+5}C_5 - {}_{9+4}C_4 = {}_{13}C_5 - {}_{13}C_4 = 572$

40 정답 997

20개의 공을 일렬로 나열할 때
20이하의 자연수 20개를 다음 그림과 같이 원 안에 넣는 경우를
생각하자.

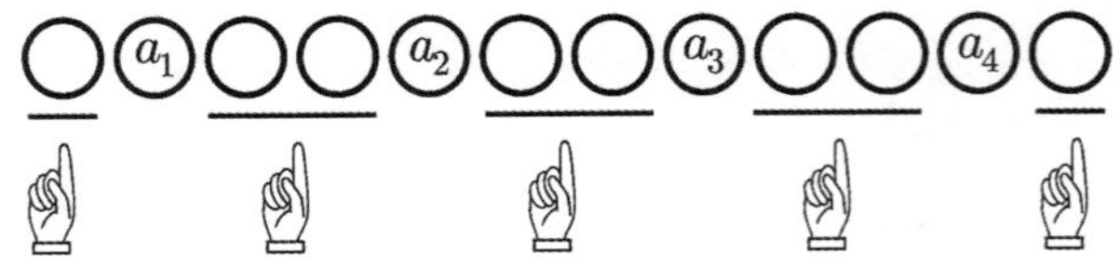

파란색 원에 들어가는 공에 순서대로 a_1, a_2, a_3, a_4를 써 넣고
파란색 공 사이의 원에 각각 2개씩의 공을 넣으면 20개의 공 중
남은 공이 10개 남는다.
남은 10개의 공을 ☝ 표시된 5곳에 넣고 왼쪽부터 1부터 20까지
써 넣으면 문제에서 요구하는 상황이 된다.
$\Rightarrow\ _5H_{10} = {}_{14}C_4 = 1001$
(나) 조건의 여사건을 생각하자.
a_1과 a_4사이에는 8개의 공이 들어가야 한다.

(i) $a_1 + a_4 = 30$인 경우
$a_4 \neq 20$인 경우는 조건을 만족하지 못한다.
예를 들어 $a_1 = 11$, $a_4 = 19$이면 $a_1 + a_4 = 30$이지만
a_1과 a_4사이에 7개의 수만 들어갈 수 있으므로 최소 8개의 공이
들어가야 하는 경우에 모순이다.
$a_1 = 10$, $a_4 = 20$이면 a_1과 a_4사이에 공 9개를 넣을 수 있다.
(가) 조건을 만족하는 경우는 위 그림에서 a_1과 a_4사이에 들어갈
수 있는 최소 공의 개수는 8개이고 남은 1개의 공이 들어갈 수
있는 곳은 3곳이다.
따라서 $_3H_1 = 3$
(ii) $a_1 + a_4 = 31$인 경우
$a_1 = 11$, $a_4 = 20$이면 a_1과 a_4사이에 공 9개를 넣을 수 있다.
(가) 조건을 만족하는 경우는 위 그림에서 a_1과 a_4사이에 들어갈
수 있는 최소 공의 개수는 8개이므로 차례로 모두 들어가면
된다. 즉, $a_1 = 11$, $a_2 = 14$, $a_3 = 17$, $a_4 = 20$이다.
따라서 1
그러므로 $1001 - (3 + 1) = 997$

[다른 풀이]
$a \geq 1$, $x \geq 3$, $y \geq 3$, $z \geq 3$인 자연수 a, x, y, z에
대하여
$a_1 = a$
$a_2 = a + x$
$a_3 = a + x + y$
$a_4 = a + x + y + z$ 라 할 수 있다.
$a_4 \leq 20$이므로
$a + x + y + z \leq 20$이다. $\cdots$ ㉠
$u \geq 0$인 정수에 대하여
$a + x + y + z + u = 20$로 해석할 수 있다.

$$a' + x' + y' + z' + u = 10$$
$$a' \geq 0, \ x' \geq 0, \ y' \geq 0, \ u' \geq 0$$

따라서

조건 (가)를 만족하는 전체 경우의 수는

$$_5H_{10} = {}_{14}C_4 = \frac{14 \times 13 \times 12 \times 11}{4 \times 3 \times 2 \times 1} = 1001$$

한편, $a_4 = 20$일 때, a_1의 최댓값은 11이므로

$$a_1 + a_4 \leq 31 \text{이다.}$$

(나)에서 $a_1 + a_4 = 2a + x + y + x \leq 29$

의 여사건은 $30 \leq 2a + x + y + z \leq 31$이고

㉠에서 $a \leq 11$이고

$(10, 3, 3, 4), \ (10, 3, 4, 3), \ (10, 4, 3, 3)$

$(11, 3, 3, 3)$로 4가지 뿐이다.

따라서 $1001 - 4 = 997$

41 정답 85

(나)조건을 만족하는 치역은

합이 5인 경우 $\{0, 5\}, \{1, 4\}, \{0, 1, 4\}, \{2, 3\}, \{0, 2, 3\}$

합이 6인 경우 $\{1, 5\}, \{0, 1, 5\}, \{2, 4\}, \{0, 2, 4\}, \{1, 2, 3\},$
$\{0, 1, 2, 3\}$

(i) 치역의 원소의 개수가 2인 나머지 경우

(치역이 $\{0, 5\}, \{1, 4\}, \{2, 3\}, \{1, 5\}, \{2, 4\}$)

치역이 $\{0, 5\}$인 경우로 생각해 보자.

(가)에 의해 $f(0) = 0$, $f(5) = 5$이고 원소 1, 2, 3, 4는 중복을
허용하여 0, 5에 대응하면 되므로 $_2H_4 = {}_5C_1 = 5$

따라서 $5 \times 5 = 25$

(ii) 치역의 원소의 개수가 3인 경우

(치역이 $\{0, 1, 4\}, \{0, 2, 3\}, \{0, 1, 5\}, \{0, 2, 4\}, \{1, 2, 3\}$)

치역이 $\{0, 1, 4\}$인 경우로 생각해 보자.

(가)에 의해 $f(0) = 0$, $f(5) = 4$이고 원소 1, 2, 3, 4는 중복을
허용하여 0, 1, 4에 대응하면 되므로 $_3H_4 = {}_6C_2 = \frac{6 \times 5}{2} = 15$

그런데 원소 1, 2, 3, 4는 중복을 허용하여 0, 4에만 대응되는
함수는 제외해야 한다.

$$_2H_4 = {}_5C_1 = 5$$

따라서 $15 - 5 = 10$

그러므로 $10 \times 5 = 50$이다.

(iii) 치역의 원소의 개수가 4인 경우

치역이 $\{0, 1, 2, 3\}$인 경우이다.

(가)에 의해 $f(0) = 0$, $f(5) = 3$이고 원소 1, 2, 3, 4는 중복을
허용하여 0, 1, 2, 3에 대응하면 되므로

$$_4H_4 = {}_7C_3 = \frac{7 \times 6 \times 5}{3 \times 2 \times 1} = 35$$

그런데 원소 1, 2, 3, 4는 중복을 허용하여 0, 1, 3에만
대응되는 함수와 0, 2, 3에만 함수는 제외해야 한다.

$$_3H_4 = {}_6C_2 = \frac{6 \times 5}{2} = 15$$

이 경우 원소 1, 2, 3, 4는 중복을 허용하여 0, 3에만 대응되는
함수는 2번 제외되게 된다.

$$_2H_4 = {}_5C_1 = 5$$

따라서 $35 - (15 + 15) + 5 = 10$

(i), (ii), (iii)에서

$$25 + 50 + 10 = 85$$

[다른 풀이] − 서영만T

① (나)조건을 만족하는 치역의 원소의 개수가 2개일 경우

$(\{0, 5\}, \{1, 4\}, \{2, 3\}, \{1, 5\}, \{2, 4\}) \Rightarrow$ 5가지

치역이 $\{0, 5\}$일 경우를 생각해 보면 정의역의 6개의 원소를
2개의 조로 나누어 각 조의 원소들을 0, 5에 각각 대응시키면
되는데 (가)조건을 고려하여 나누어야 한다.

(1) 5개, 1개로 나눌 경우

$\Rightarrow$ ㄱ. $\{(0), (1, 2, 3, 4, 5)\}$ 또는 ㄴ. $\{(0, 1, 2, 3, 4), (5)\}$

　ㄱ일 경우는 $(0) \to 0$, $(1, 2, 3, 4, 5) \to 5$

　ㄴ일 경우는 $(0, 1, 2, 3, 4) \to 0$, $(5) \to 5$로 대응시켜주면 된다.

　따라서 2가지

(2) 4개, 2개로 나눌 경우

$\Rightarrow$ ㄱ. $\{(0, 1), (2, 3, 4, 5)\}$ 또는 ㄴ. $\{(0, 1, 2, 3), (4, 5)\}$

　ㄱ일 경우는 $(0, 1) \to 0$, $(2, 3, 4, 5) \to 5$

　ㄴ일 경우는 $(0, 1, 2, 3) \to 0$, $(4, 5) \to 5$로 대응시켜주면 된다.

　따라서 2가지

(3) 3개, 3개로 나눌 경우 $\Rightarrow \{(0, 1, 2), (3, 4, 5)\}$

$(0, 1, 2) \to 0$, $(3, 4, 5) \to 5$로 대응시켜주면 된다.

따라서 1가지

(1), (2), (3)에 의해 ①을 만족하는 함수의 개수는

$$5 \times 5 = 25(개)$$

② (나)조건을 만족하는 치역의 원소의 개수가 3개일 경우

$(\{0, 1, 4\}, \{0, 2, 3\}, \{0, 1, 5\}, \{0, 2, 4\}, \{1, 2, 3\}) \Rightarrow$ 5가지

치역이 $\{0, 1, 4\}$일 경우를 생각해 보면 정의역의 6개의 원소를
3개의 조로 나누어 각 조의 원소들을 0, 1, 4에 각각 대응시키면
되는데 (가)조건을 고려하여 나누어야 한다.

①과 같은 방법으로 생각해 보면

(1) 4개, 1개, 1개로 나눌 경우 $\Rightarrow$ 3가지

(2) 3개, 2개, 1개로 나눌 경우 $\Rightarrow$ 6가지

(3) 2개, 2개, 2개로 나눌 경우 $\Rightarrow$ 1가지

(1), (2), (3)에 의해 ②를 만족하는 함수의 개수는

$$5 \times 10 = 50(개)$$

③ (나)조건을 만족하는 치역의 원소의 개수가 4개일 경우

$(\{0, 1, 2, 3\}) \Rightarrow$ 1가지

치역이 $\{0, 1, 2, 3\}$이므로 정의역의 6개의 원소를 4개의 조로
나누어 각 조의 원소들을 0, 1, 2, 3에 각각 대응시키면 되는데
(가)조건을 고려하여 나누어야 한다.

①과 같은 방법으로 생각해 보면

(1) 3개, 1개, 1개, 1개로 나눌 경우 $\Rightarrow$ 4가지
(2) 2개, 2개, 1개, 1개로 나눌 경우 $\Rightarrow$ 6가지
(1), (2)에 의해 ③을 만족하는 함수의 개수는 $1 \times 10 = 10$(개)
그러므로 조건을 만족시키는 함수의 개수는
$25 + 50 + 10 = 85$(개)이다.

42 정답 336

아서왕, 가웨인, 그리고 5명의 기사가 자리에 앉고 나면
2, 3, 9, 10, 12, 13자리가 남고 랜슬롯, A, B, C 을 포함한
6명이 남은 6자리에 앉게 된다.

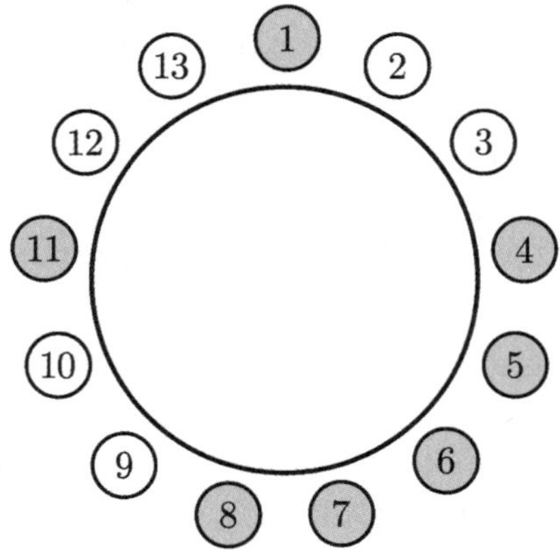

(i) 랜슬롯이 2번 자리에 앉는 경우 $\Rightarrow {}_3P_2 \times 3! = 36$

→ 3, 13번 자리에 A, B, C 세 명 중 두 명이 앉고(${}_3P_2$) 남은
3명이 앉는 경우의 수(3!)

(ii) 랜슬롯이 13번 자리에 앉는 경우
$\Rightarrow {}_3P_2 \times 3! = 36$

→ (i)과 같은 방법

(iii) 랜슬롯이 3번 자리에 앉는 경우
$\Rightarrow {}_3C_1 \times 4! = 72$

→ 2번 자리에 A, B, C 세 명 중 한 명이 앉고(${}_3C_1$) 남은 4명이
앉는 경우의 수(4!)

(iv) 랜슬롯이 12번 자리에 앉는 경우 $\Rightarrow 3 \times 4! = 72$

→ (iii)과 같은 방법

(v) 랜슬롯이 9번 자리에 앉는 경우
$\Rightarrow {}_3C_1 \times (4! - 2! \times 2!) = 60$

→ 10번 자리에 A, B, C 세 명 중 한 명이 앉고(${}_3C_1$) 남은
4명이 앉는 경우의 수는 전체 경우에서 3, 12번에 A, B, C 중
남은 두 명이 앉는 경우를 제외하면 된다. $(4! - 2! \times 2!)$

(vi) 랜슬롯이 10번 자리에 앉는 경우 $\Rightarrow$
${}_3C_1 \times (4! - 2! \times 2!) = 60$

→ (v)와 같은 방법

따라서 $2 \times (36 + 72 + 60) = 336$

43 정답 638

(i) 빵을 나눠주는 경우의 수를 구해보자.
A와 B가 받는 빵의 개수를 순서쌍으로 나타내면

(가)조건에서 $(2, 1)$, $(4, 2)$가 가능하다.
학생 C, D, E가 받는 빵의 개수를 x, y, z라 하면
① $(2, 1)$인 경우
$x + y + z = 9$, $(0 \leq x, y, z \leq 4)$
만족하는 정수해의 개수는
$x + y + z = 3$을 만족하는 정수해의 개수와 같다.

[랑데뷰세미나(203),(204) 참고]

따라서 ${}_3H_3 = {}_5C_2 = \dfrac{5 \times 4}{2 \times 1} = 10$이다.

① $(4, 2)$인 경우
$x + y + z = 6$, $(0 \leq x, y, z \leq 4)$
을 만족하는 정수해의 개수는 $x + y + z = 6$,
$(0 \leq x, y, z \leq 6)$을 만족하는 정수해의 개수 에서 3개 중
하나가 5이상이고 2개의 합이 1이하인 경우의 수를 뺀것과
같다.

[랑데뷰세미나(203),(204) 참고]

따라서
${}_3H_6 - {}_3C_1 \times {}_3C_1$
$= {}_8C_2 - 9 = \dfrac{8 \times 7}{2 \times 1} - 9 = 28 - 9 = 19$

그러므로 $10 + 19 = 29$

(ii) 우유를 나눠주는 경우의 수를 구해보자.
C와 D가 받는 우유의 개수를 순서쌍으로 나타내면
(나)조건에서 $(1, 4)$, $(2, 5)$, $(3, 6)$가 가능하다.
학생 A, B, E가 받는 빵의 개수를 α, β, γ라 하면
① $(1, 4)$인 경우
$\alpha + \beta + \gamma = 7$ $(\alpha \geq 1, \beta \geq 1, \gamma \geq 1)$
만족하는 정수해의 개수는
$\alpha' + \beta' + \gamma' = 4$ $(\alpha' \geq 0, \beta' \geq 0, \gamma' \geq 0)$
을 만족하는 정수해의 개수와 같다.

따라서 ${}_3H_4 = {}_6C_2 = \dfrac{6 \times 5}{2 \times 1} = 15$이다.

② $(2, 5)$인 경우
$\alpha + \beta + \gamma = 5$ $(\alpha \geq 1, \beta \geq 1, \gamma \geq 1)$
만족하는 정수해의 개수는
$\alpha' + \beta' + \gamma' = 2$ $(\alpha' \geq 0, \beta' \geq 0, \gamma' \geq 0)$
을 만족하는 정수해의 개수와 같다.

따라서 ${}_3H_2 = {}_4C_2 = \dfrac{4 \times 3}{2 \times 1} = 6$이다.

③ $(3, 6)$인 경우
$\alpha + \beta + \gamma = 3$ $(\alpha \geq 1, \beta \geq 1, \gamma \geq 1)$
만족하는 정수해의 개수는
$\alpha' + \beta' + \gamma' = 0$ $(\alpha' \geq 0, \beta' \geq 0, \gamma' \geq 0)$
을 만족하는 정수해의 개수와 같다.

따라서 ${}_3H_0 = 1$이다.

그러므로 $15 + 6 + 1 = 22$

(i), (ii)에서
$29 \times 22 = 638$

44 정답 781

조건(나), (다)에서 학생 A가 받을 수 있는 연필의 개수는 5
또는 6이다.

(i) A가 받은 연필의 개수가 6일 때,

남은 연필 1개를 B, C, D, E 학생 중 한 명이 받는 방법의
수는 4이고

B가 연필 1개를 받았다고 생각하자.

	A	B	C	D	E
연필	6	1	0	0	0
지우개	a	b	c	d	e

$a+b+c+d+e=7$이고 $a \leq 5$, $b=0$, $c \geq 1$, $d \geq 1$,
$e \geq 1$이다.

$\Rightarrow a+c'+d'+e'=4 \ (0 \leq a, c', d', e' \leq 4)$

${}_4H_4 = {}_7C_3 = 35$

따라서 $4 \times 35 = 140$

(ii) A가 받은 연필의 개수가 5이고

남은 연필 2개를 B, C, D, E 학생 중 한 학생이 모두 받는
방법의 수는 4이고

B가 연필 2개를 받았다고 생각하자.

	A	B	C	D	E
연필	5	2	0	0	0
지우개	a	b	c	d	e

$a+b+c+d+e=7$이고 $a \leq 4$, $b \leq 1$, $c \geq 1$, $d \geq 1$,
$e \geq 1$이다.

㉠ $b=1$일 때,

$a+c'+d'+e'=3 \ (0 \leq a, c', d', e' \leq 3)$

$\Rightarrow {}_4H_3 = {}_6C_3 = 20$

㉡ $b=0$일 때,

$a+c'+d'+e'=4 \ (0 \leq a, c', d', e' \leq 4)$

$\Rightarrow {}_4H_4 = {}_7C_3 = 35$

따라서

$4 \times (20+35) = 220$

(iii) A가 받은 연필의 개수가 5이고

남은 연필 2개를 B, C, D, E 학생 중 두 학생이 각각 1개씩
받는 방법의 수 $6 \left({}_4C_2 \right)$이고

B, C가 연필을 각각 1개씩 받았다고 생각하자.

	A	B	C	D	E
연필	5	1	1	0	0
지우개	a	b	c	d	e

㉠ 지우개보다 연필을 더 많이 받는 학생에 A가 포함되는
경우는

$a+b+c+d+e=7$이고 우선 $a \leq 4$, $d \geq 1$, $e \geq 1$이다.

조건 (다)에서 b, c중 하나만 0이어야 한다. $(\times 2)$

$b \geq 1$, $c=0$이라고 생각하자.

$a+b'+d'+e'=4 \ (0 \leq a, b', d', e' \leq 4)$

$\Rightarrow {}_4H_4 = {}_7C_3 = 35$

따라서

$6 \times 2 \times 35 = 420$

㉡ 지우개보다 연필을 더 많이 받는 학생에 A가 포함되지 않는
경우는

$a+b+c+d+e=7$이고 $a \geq 5$, $b=c=0$이고 $d \geq 1$,
$e \geq 1$이다.

$a=5$, $b=c=0$, $d=e=1$로 1가지 뿐이다.

㉠, ㉡에서 $420+1 = 421$

(i), (ii), (iii)에서 $140+220+421 = 781$

45 정답 144

(i) 여학생들이 연필 1자루씩, 남학생들이 볼펜 1자루씩 갖는 경우

$\Rightarrow$남은 연필 4자루를 남학생 2명에게 나눠주고 $\left(\rightarrow {}_2H_4 \right)$

남은 볼펜 3자루를 여학생 4명에게 나눠준다. $\left(\rightarrow {}_4H_3 \right)$

따라서 ${}_2H_4 \times {}_4H_3 = {}_5C_4 \times {}_6C_3 = 100$

(ii) 여학생들이 연필 1자루씩, 남학생들이 볼펜 2자루씩 갖는
경우

$\Rightarrow$남은 연필 4자루를 남학생 2명에게 나눠주고 $\left(\rightarrow {}_2H_4 \right)$

남은 볼펜 1자루를 여학생 4명에게 나눠준다. $\left(\rightarrow {}_4H_1 \right)$

따라서 ${}_2H_4 \times {}_4H_1 = {}_5C_4 \times 4 = 20$

(iii) 여학생들이 연필 2자루씩, 남학생들이 볼펜 1자루씩 갖는
경우

$\Rightarrow$남은 연필 0자루를 남학생 2명에게 나눠주고 $\left(\rightarrow {}_2H_0 \right)$

남은 볼펜 3자루를 여학생 4명에게 나눠준다. $\left(\rightarrow {}_4H_3 \right)$

따라서 ${}_2H_0 \times {}_4H_3 = 1 \times {}_6C_3 = 20$

(iv) 여학생들이 연필 2자루씩, 남학생들이 볼펜 2자루씩 갖는
경우

$\Rightarrow$남은 연필 0자루를 남학생 2명에게 나눠주고 $\left(\rightarrow {}_2H_0 \right)$

남은 볼펜 1자루를 여학생 4명에게 나눠준다. $\left(\rightarrow {}_4H_1 \right)$

따라서 $1 \times 4 = 4$

(i)~(iv)에서 경우의 수는 $100+20+20+4 = 144$

46 정답 810

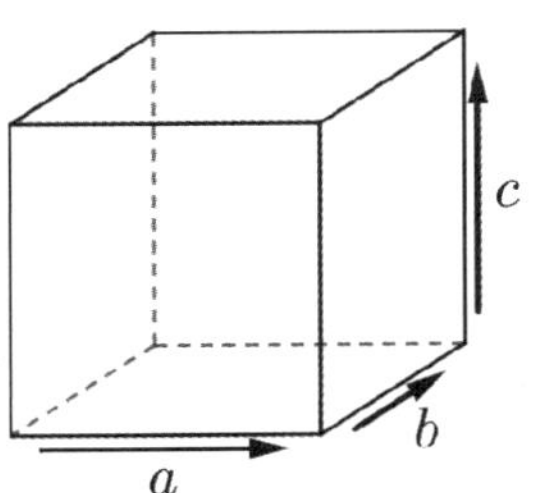

가로방향 →으로 이동을 a

세로방향 ↗으로 이동을 b

높이방향 ↑으로 이동을 c 라 하자.

A에서 출발해서 B에 도착하려면 a, b, c가 적어도 한 번씩은 나타나야 한다.

(i) 한 문자가 3번 나오는 경우

예를 들어 $a\,b\,a\,c\,a$이면 방향 전환이 4번 나타난다.

더 이상의 방향 전환이 일어나면 안 되므로 남은 $n-1$개의 b, c는 모두 한 곳에 들어가야 하고 남은 $n-3$개의 a는 들어갈 수 있는 곳이 3곳 이므로 $_3\mathrm{H}_{n-3}$이다.

따라서

3번 나타나는 한 문자 선택 3, b, c의 위치 선택 2

그리고 $_3\mathrm{H}_{n-3}$ 이므로

$3 \times 2 \times {}_3\mathrm{H}_{n-3} = 6 \times {}_{n-1}\mathrm{C}_{n-3}$

$= 6 \times {}_{n-1}\mathrm{C}_2 = 3(n-1)(n-2)$

(ii) 두 문자가 2번씩 나오는 경우

예를 들어 $a\,b\,a\,b\,c$이면 방향 전환이 4번 나타난다.

더 이상의 방향 전환이 일어나면 안 되므로 남은 $n-1$개의 c는 모두 한 곳에 들어가야 하고 남은 $n-2$개의 a, b는 들어갈 수 있는 곳이 2곳 이므로 각각 $_2\mathrm{H}_{n-2}$이다.

따라서

2번 나타나는 문자 선택 $_3\mathrm{C}_2 = 3$,

문자 배열 경우의 수 $\dfrac{5!}{2!2!1!} - \dfrac{4!}{2!1!1!} \times 2 + 3! = 12$

그리고 $_2\mathrm{H}_{n-2} \times {}_2\mathrm{H}_{n-2}$이므로

$3 \times 12 \times \left({}_2\mathrm{H}_{n-2}\right)^2 = 36(n-1)^2$

(i), (ii)에서

$a_n = 3(n-1)(n-2) + 36(n-1)^2$

$\quad = 3(n-1)(13n-14)$

$a_6 = 3 \times 5 \times 64 = 960$

$a_3 = 3 \times 2 \times 25 = 150$

$a_6 - a_3 = 810$

47 정답 32

같은 종류의 투호살 5개를 서로 구별되는 4개의 통에 남김없이 담는 경우의 수는 서로 다른 통 4개에 중복을 허락하여 5개를 택하는 경우의 수와 같으므로

$_4\mathrm{H}_5 = {}_8\mathrm{C}_5 = {}_8\mathrm{C}_3 = \dfrac{8 \times 7 \times 6}{3 \times 2 \times 1} = 56$

각 통에 적힌 수를 통의 번호라 하자.

(i) 투호살이 담겨진 통에 적힌 번호의 합이 5이하가 되는 경우는 다음과 같다.

① 1개의 통에 투호살을 모두 담는 경우 4가지

② 2개의 통에 투호살을 모두 담는 경우

1번과 2번, 1번과 3번, 1번과 4번, 2번과 3번에 담는 4가지

택한 2개의 통에 투호살을 모두 넣는 경우의 수는 2개의 통에 투호살을 하나씩 넣은 뒤 남은 3개의 투호살을 넣는 경우의 수이므로

$$_2\mathrm{H}_3 = {}_4\mathrm{C}_3 = 4$$

따라서 구하는 경우의 수는 $4 \times 4 = 16$

그러므로 $4 + 16 = 20$

(ii) 투호살이 담긴 통에 적힌 번호의 합이 10이상이 되는 경우는 다음과 같다.

① 4개의 통에 투호살을 모두 담는 경우

$1+2+3+4 = 10$이므로 1가지

택한 4개의 통에 투호살을 모두 담는 경우의 수는 4개의 통에 투호살을 하나씩 넣은 뒤 나머지 하나의 투호살이 들어갈 통을 고르는 경우와 같으므로 4가지

그러므로 4가지

(i), (ii)에서 $20 + 4 = 24$

따라서 $56 - 24 = 32$이다.

48 정답 545

4보다 작은 값은 1, 2, 3이다.

(i) $f(1) \times f(4) = 1$인 경우

(나)에 의해 $f(2)$, $f(3)$의 경우는 각각 1가지,

(다)에 의해 $f(5)$, $f(6)$의 경우는 각각 6가지가 가능하다.

따라서 $1 \times 1 \times 6 \times 6 = 36$이다.

(ii) $f(1) \times f(4) = 2$인 경우

① $f(1) = 1$, $f(4) = 2$일 때

(나)에 의해 $f(2)$, $f(3)$의 경우는 각각 1가지,

(다)에 의해 $f(5)$, $f(6)$의 경우는 각각 5가지가 가능하다.

따라서 $1 \times 1 \times 5 \times 5 = 25$이다.

② $f(1) = 2$, $f(4) = 1$일 때

(나)에 의해 $f(2)$, $f(3)$의 경우는 각각 2가지,

(다)에 의해 $f(5)$, $f(6)$의 경우는 각각 6가지가 가능하다.

따라서 $2 \times 2 \times 6 \times 6 = 144$이다.

그러므로 $25 + 144 = 169$

(ii) $f(1) \times f(4) = 3$인 경우

① $f(1) = 1$, $f(4) = 3$일 때

(나)에 의해 $f(2)$, $f(3)$의 경우는 각각 1가지,

(다)에 의해 $f(5)$, $f(6)$의 경우는 각각 4가지가 가능하다.

따라서 $1 \times 1 \times 4 \times 4 = 16$이다.

② $f(1) = 3$, $f(4) = 1$일 때

(나)에 의해 $f(2)$, $f(3)$의 경우는 각각 3가지,

(다)에 의해 $f(5)$, $f(6)$의 경우는 각각 6가지가 가능하다.

따라서 $3 \times 3 \times 6 \times 6 = 324$이다.

그러므로 $16 + 324 = 340$

(i), (ii), (iii)에서
$$36 + 169 + 340 = 545$$

49 정답 930

$$\sum_{k=0}^{6} \left({}_6\mathrm{C}_k \right)^2 = \left({}_6\mathrm{C}_0 \right)^2 + \left({}_6\mathrm{C}_1 \right)^2 + \left({}_6\mathrm{C}_2 \right)^2 + \cdots + \left({}_6\mathrm{C}_6 \right)^2$$
$$= \left({}_6\mathrm{C}_0 \right)\left({}_6\mathrm{C}_6 \right) + \left({}_6\mathrm{C}_1 \right)\left({}_6\mathrm{C}_5 \right) + \left({}_6\mathrm{C}_2 \right)\left({}_6\mathrm{C}_4 \right) + \cdots + \left({}_6\mathrm{C}_6 \right)\left({}_6\mathrm{C}_0 \right)$$
이고

이 식은

$(1+x)^6$과 $(x+1)^6$의

(상수항) $\times$ (x^6의 계수)

(x항의 계수) $\times$ (x^5의 계수)

(x^2항의 계수) $\times$ (x^4의 계수)

$$\vdots \qquad \vdots$$

(x^6항의 계수) $\times$ (상수항)

의 합을 나타내므로

결국 $(1+x)^{12}$의 x^6의 계수를 뜻한다.

즉 $n = 6$이고 $a = {}_{12}\mathrm{C}_6 = \dfrac{12 \times 11 \times 10 \times 9 \times 8 \times 7}{6 \times 5 \times 4 \times 3 \times 2 \times 1} = 924$

$\therefore \ n + a = 930$

50 정답 85

$$\left(\frac{1}{4}x^2 + \frac{1}{2}x + 1 + \frac{2}{x} + \frac{4}{x^2} \right)^4$$
$$= \left\{ \left(\frac{1}{4x^2} \right)\left(x^4 + 2x^3 + 4x^2 + 8x + 16 \right) \right\}^4$$
$$= \frac{1}{2^8 \times x^8}\left(x^4 + 2x^3 + 4x^2 + 8x + 16 \right)^4 \text{이다.}$$

$\left(x^4 + 2x^3 + 4x^2 + 8x + 16 \right)^4$에서 x^8의 계수를 구한 뒤

$\dfrac{1}{2^8 \times x^8}$을 곱하면 상수항이 된다.

$\left(x^4 + 2x^3 + 4x^2 + 8x + 16 \right)^4$의 전개식에서 x^8의 계수는

$$x^4 \times x^4 \times 16 \times 16 = 2^8 \times x^8$$
$$x^4 \times 2x^3 \times 8x \times 16 = 2^8 \times x^8$$
$$x^4 \times 4x^2 \times 4x^2 \times 16 = 2^8 \times x^8$$
$$2x^3 \times 4x^2 \times 4x^2 \times 8x = 2^8 \times x^8$$
$$\cdots \qquad \cdots \qquad \cdots$$

등의 합이므로 $A \times 2^8 \times x^8$으로 표현된다.

따라서

$\left(x^4 + x^3 + x^2 + x + 1 \right)^4$의 전개식에서 x^8의 계수가 A이므로

$$\left(x^4 + x^3 + x^2 + x + 1 \right)^4$$
$$= \underbrace{\left(x^4 + x^3 + x^2 + x^2 + 1 \right) \times (\ ) \times (\ ) \times (\ )}_{4\text{개}}$$
$$= \left(\cdots + x^{a_1} + \cdots \right)\left(\cdots + x^{a_2} + \cdots \right) \cdots \left(\cdots + x^{a_4} + \cdots \right)$$
$$= \cdots + A x^{a_1 + a_2 + a_3 + a_4} + \cdots$$

에서

A는 $a_1 + a_2 + a_3 + a_4 = 8 \ (0 \leq a_1, a_2, a_3, a_4 \leq 4)$의 정수해의 개수와 같다.

따라서

$A = {}_4\mathrm{H}_8 - \left({}_4\mathrm{C}_1 \times {}_4\mathrm{H}_3 \right) = 165 - 80 = 85$이다.

그러므로

$\left(\dfrac{1}{4}x^2 + \dfrac{1}{2}x + 1 + \dfrac{2}{x} + \dfrac{4}{x^2} \right)^4$의 전개식에서 상수항은 85이다.

[다른 풀이]

$A = {}_4\mathrm{H}_8 - {}_4\mathrm{C}_1 \times \left({}_3\mathrm{H}_0 + {}_3\mathrm{H}_1 + {}_3\mathrm{H}_2 + {}_3\mathrm{H}_3 \right) = 165 - 80 = 85$

확률

51 정답 277

다음과 같이 7개의 카드를 담을 수 있는 세 상자 A와 B와 C가 있다고 생각하자.

A	B	C

세 상자에 일곱 개의 숫자 1, 2, 3, 4, 5, 6, 7을 담으면 그 수들은 각 상자에서 크기순으로 자동 배열된다고 하자.

숫자 1의 좌, 우 에는 각각 적어도 한 장의 카드가 있어야 하고

숫자 1이 적힌 카드가 B상자에 위치하고 1의 좌우에서 감소가 한 번씩 나타나는 경우와

숫자 1을 C상자에 넣고 1의 좌측에서만 감소가 두 번 나타나는 경우를 생각하자.

(i) 1이 C상자에 있는 경우

A상자의 가장 큰 수를 a, B상자의 가장 작은 수를 b라 하자.

$a > b$, $b > 1$이므로 감소가 두 번 나타난다.

㉠ (a, b)에서 $b = 2$인 경우는

$(3, 2)$일 때,

3	2	1

에서 4, 5, 6, 7이 들어갈 상자를 생각해보면

$2 \times 2 \times 2 \times 2 - 1 \times 1 \times 1 \times 1 = 15$이다.

$(4, 2)$일 때,

4	2	1

에서 3, 5, 6, 7이 들어갈 상자를 생각해보면

$3 \times 2 \times 2 \times 2 - 2 \times 1 \times 1 \times 1 = 22$이다.

같은 방법으로

$(5, 2)$일 때, $3 \times 3 \times 2 \times 2 - 2 \times 2 \times 1 \times 1 = 32$이다.

$(6, 2)$일 때, $3 \times 3 \times 3 \times 2 - 2 \times 2 \times 2 \times 1 = 46$이다.

$(7, 2)$일 때, $3 \times 3 \times 3 \times 3 - 2 \times 2 \times 2 \times 3 = 65$이다.

따라서 $15 + 22 + 32 + 46 + 65 = 180$

㉡ (a, b)에서 $b = 3$인 경우는

$(4, 3)$일 때,

4	3	1

에서 2, 5, 6, 7이 들어갈 상자를 생각해보면

$2 \times 2 \times 2 \times 2 - 1 \times 1 \times 1 \times 1 = 15$이다.

$(5, 3)$일 때, $\boxed{5}\ \boxed{3}\ \boxed{1}$

에서 2, 4, 6, 7이 들어갈 상자를 생각해보면
$2 \times 3 \times 2 \times 2 - 1 \times 2 \times 1 \times 1 = 22$이다.
같은 방법으로
$(6, 3)$일 때, (i)의 $(5, 2)$와 같은 경우로 32이다.
$(7, 3)$일 때, (i)의 $(6, 2)$와 같은 경우로 46이다.
따라서 $15 + 22 + 32 + 46 = 115$

ⓒ (a, b)에서 $b = 4$인 경우는
$(5, 4)$일 때, (i)의 $(3, 2)$와 같은 경우로 15이다.
$(6, 4)$일 때, (i)의 $(4, 2)$와 같은 경우로 22이다.
$(7, 4)$일 때, (i)의 $(5, 2)$와 같은 경우로 32이다.
따라서 $15 + 22 + 32 = 69$

ⓓ (a, b)에서 $b = 5$인 경우는
$(6, 5)$일 때, (i)의 $(3, 2)$와 같은 경우로 15이다.
$(7, 5)$일 때, (i)의 $(4, 2)$와 같은 경우로 22이다.
따라서 $15 + 22 = 37$

ⓔ (a, b)에서 $b = 6$인 경우는
$(7, 6)$일 때, (i)의 $(3, 2)$와 같은 경우로 15이다.
따라서 15
그러므로 $180 + 115 + 69 + 37 + 15 = 416$

(ii) 1이 B상자에 있는 경우
B상자의 가장 큰 수를 α, C 상자의 가장 작은 수를 β라 하자.
$\alpha > \beta$이고 상자 A에 어떤 수가 들어가면 상자 B에 1이
있으므로 감소가 두 번 나타난다.
(i)과 같은 방법으로 개수를 세어보면 같은 값이 나온다.
따라서 416가지
따라서
전체 경우의 수는 $7! - 2 \times 6! = 6!(7 - 2) = 5 \times 6!$
따라서
$$\frac{2 \times 416}{5 \times 6!} = \frac{52}{225}$$

$p = 225,\ q = 52$
$p + q = 277$

[다른 풀이]
(i) '감소'가 1의 좌우에서 한 번씩 나타나는 경우
1의 오른쪽에 k개를 배치하면 1의 왼쪽은 자동 배치 되므로 1의
오른쪽에 배치하는 경우만 생각하면 되겠다.
$$\sum_{k=2}^{5} {}_6C_k \left\{ 2^k - (k+1) \right\}$$
$$= {}_6C_2 \times (2^2 - 3) + {}_6C_3 \times (2^3 - 4) + {}_6C_4 \times (2^4 - 5)$$
$$\quad + {}_6C_5 \times (2^5 - 6)$$
$$= 15 \times 1 + 20 \times 4 + 15 \times 11 + 6 \times 26$$
$$= 15 + 80 + 165 + 156$$
$$= 416$$

(ii) '감소'가 1의 좌에서만 두 번 나타나는 경우
1의 왼쪽에 $k(k \geq 2)$개를 배치하면 1의 오른쪽은 자동 배치
되므로 1의 왼쪽에 배치하는 경우만 생각하면 되겠다. (i)과 같은
식으로 계산된다.
$$\sum_{k=2}^{5} {}_6C_k \left\{ 2^k - (k+1) \right\} = 416$$

(i), (ii)에서 $416 + 416 = 832$

52 정답 ④

$X = \{1, 2, 3, 4, 6, 9, 12, 18, 36\}$,
$B = \{1, 2, 3, 6, 9, 18\}$이므로
$X - B = \{4, 12, 36\}$이다.
(가), (나) 조건을 만족하는 집합 A는 다음 세가지 경우로 생각할
수 있다.
(i) 집합 A가 집합 B의 원소 중 1개를 원소로 갖고 집합
$X - B$의 원소 중 적어도 2개를 원소로 갖는 경우
$\Rightarrow {}_6C_1 \times ({}_3C_2 + {}_3C_3) = 6 \times 4 = 24$

(ii) 집합 A가 집합 B의 원소 중 2개를 원소로 갖고 집합
$X - B$의 원소 중 적어도 1개를 원소로 갖는 경우
$\Rightarrow {}_6C_2 \times (2^3 - 1) = 15 \times 7 = 105$

(iii) 집합 A가 집합 B의 원소 중 3개 이상을 원소로 갖는 경우
${}_6C_3 + {}_6C_4 + {}_6C_5 + {}_6C_6 = 20 + 15 + 6 + 1 = 42$
이때, $X - B$의 원소인 4, 12, 36은 각각 집합 A의 원소이어도
되고 집합 A의 원소가 아니어도 되므로 이 경우의 수는
$2^3 = 8$이다.
따라서 $42 \times 8 = 336$
집합 X의 모든 부분집합 중에서 한 집합을 택하는 경우의 수는
$2^9 = 512$이다.
(i), (ii), (iii)에서 $\dfrac{24 + 105 + 336}{512} = \dfrac{465}{512}$

[다른 풀이 : 박광식 프라하수학학원]
$X = \{1, 2, 3, 4, 6, 9, 12, 18, 36\}$,
$B = \{1, 2, 3, 6, 9, 18\}$이므로 $X - B = \{4, 12, 36\}$이다.
전체 부분집합의 개수는
$$2^9 = 512$$
(가)를 만족시키는 집합 A의 개수는
$$2^9 - (1 + {}_9C_1 + {}_9C_2) = 466 \qquad \cdots\cdots ㉠$$
집합 X의 부분집합 중 집합 B와 서로소인 부분집합들은
$\{4, 12, 36\}$의 부분집합이므로 원소의 개수가 3 이하이다.
㉠ 중에서 (나)를 만족하지 않는 집합 A의 개수는 $\{4, 12, 36\}$
한 개뿐이므로 (가), (나)를 동시에 만족하는 집합 A의 개수는
$$466 - 1 = 465$$
따라서 구하는 확률은 $\dfrac{465}{512}$

집합 $X=\{1,\ 2,\ 3,\ 4,\ 5\}$에서 X로의 함수의 총 개수는
$_5\Pi_5=5^5$이다.

조건 (가)에서 함수 f는 일대일 대응이고 조건 (나)에서
$f(n+2)-f(n)=3$이므로

$f(1)=1$일 때, $f(3)=4$이므로 조건을 만족시키는 함수 f의
개수는 $3!=6$　　……㉠

$f(2)=1$일 때, $f(4)=4$이므로 조건을 만족시키는 함수 f의
개수는 $3!=6$　　……㉡

$f(3)=1$일 때, $f(5)=4$이므로 조건을 만족시키는 함수 f의
개수는 $3!=6$　　……㉢

$f(1)=2$일 때, $f(3)=5$이므로 조건을 만족시키는 함수 f의
개수는 $3!=6$　　……㉣

$f(2)=2$일 때, $f(4)=5$이므로 조건을 만족시키는 함수 f의
개수는 $3!=6$　　……㉤

$f(3)=2$일 때, $f(5)=5$이므로 조건을 만족시키는 함수 f의
개수는 $3!=6$　　……㉥

이때, ㉠과 ㉤, ㉡과 ㉣, ㉡과 ㉥, ㉢과 ㉤의 경우에서 각각
1개의 중복되는 함수가 발생한다.

예를 들어 ㉠과 ㉤에서 $f(1)=1$, $f(3)=4$, $f(2)=2$,
$f(4)=5$, $f(5)=3$인 경우가 각각 발생한다.

따라서 구하는 함수 f의 개수는 $6\times6-4=32$이다.

그러므로 $\dfrac{32}{5^5}=\dfrac{32}{3125}$

$p=3125$, $q=32$이므로 $\dfrac{1}{5}p+q=657$

---

54 정답 ②

(i) 각 열에 1명씩 앉는 경우
$_3C_1\times{_2}C_1\times{_2}C_1\times{_2}C_1\times4!=576$

(ii) 한 개의 열에만 2명이 앉는 경우
㉠ 1열-2명, 2열-1명, 3열-1명 ⇨ $_4P_2\times2\times{_2}C_1=48$
㉡ 1열-2명, 2열-1명, 4열-1명 ⇨ $_4P_2\times2\times{_3}C_1=72$
㉢ 1열-2명, 3열-1명, 4열-1명 ⇨
$_4P_2\times({_3}C_1\times2)\times{_2}C_1=144$
따라서 264

㉣ 2열-2명, 1열-1명, 3열-1명 ⇨ $_4P_2\times2\times1=24$
㉤ 2열-2명, 1열-1명, 4열-1명 ⇨ $_4P_2\times2\times{_3}C_1=72$
㉥ 2열-2명, 3열-1명, 4열-1명 ⇨ $_4P_2\times2\times{_2}C_1=48$
따라서 144

3열에만 2명이 앉는 경우는 2열에만 2명이 앉는 경우와 같다.
4열에만 2명이 앉는 경우는 1열에만 2명이 앉는 경우와 같다.

따라서 $2\times(264+144)=816$

(iii) 두 개의 열에 2명이 앉는 경우
㉠ 1열-2명, 3열-2명 ⇨ $_4P_2\times2!=24$
㉡ 1열-2명, 4열-2명 ⇨ $_4P_2\times2!=24$
㉢ 2열-2명, 4열-2명 ⇨ $_4P_2\times2!=24$
따라서 $3\times24=72$
따라서
$576+816+72=1464$

$$\dfrac{1464}{12\times11\times10\times9}=\dfrac{61}{495}$$

---

55 정답 ⑤

주사위를 던질 때 5의 약수가 나올 확률은 $\dfrac{1}{3}$, 5의 약수가 아닌

수가 나올 확률은 $\dfrac{2}{3}$이다.

주사위를 5번 던진 후 x좌표가 2가 되기 위해서는 0이 3번 1이
2번 나타나야 한다.

따라서 $_5C_3\left(\dfrac{1}{3}\right)^3\left(\dfrac{2}{3}\right)^2=\dfrac{40}{3^5}$

주사위를 5번 던진 후 y좌표가 4가 되기 위해서는 0이 1번 1이
4번 나타나야 한다.

따라서 $_5C_1\left(\dfrac{1}{3}\right)^1\left(\dfrac{2}{3}\right)^4=\dfrac{80}{3^5}$

그러므로 $\dfrac{40}{3^5}\times\dfrac{80}{3^5}=\dfrac{3200}{3^{10}}$

---

56 정답 8

180개의 과일 중 임의로 선택한 1개의 과일이 사과일 때, 이

사과의 무게가 500 g 이상일 확률 $p_1=\dfrac{a}{40}$이다.

180개의 과일 중 임의로 선택한 1개의 과일의 무게가
500 g 미만일 때, 이 과일이 사과가 아닐 확률
$$p_2=\dfrac{a+2a}{b+a+2a}=\dfrac{3a}{b+3a}$$

$$p_1+p_2=\dfrac{a}{40}+\dfrac{3a}{b+3a}=\dfrac{5}{4}$$

$b=40-a$이므로 대입하면

$$\dfrac{a}{40}+\dfrac{3a}{40+2a}=\dfrac{5}{4}$$

양변에 $40(40+2a)$을 곱하면

$a(40+2a)+120a=50(40+2a)$

$2a^2+160a=2000+100a$

$2a^2+60a-2000=0$

$a^2+30a-1000=0$

$(a+50)(a-20)=0$

따라서 $a=20$이다.

그러므로 표는 다음과 같다.

(단위 : 개)

무게＼과일	500 g 이상	500 g 미만	합계
사과	20	20	40
배	40	20	60
참외	40	40	80
합계	100	80	180

180개의 과일 중 임의로 선택한 1개의 과일의 무게가

500 g 이상일 때, 이 과일이 배일 확률 $p = \dfrac{40}{100} = \dfrac{2}{5}$

따라서 $20p = 8$

57 정답 ⑤

1번 상자에는 흰 공 1개, 검은 공 $n-1$개가 들어 있고, 2번
상자에는 흰 공 2개, 검은 공 $n-2$개가 들어 있고, 3번
상자에는 흰 공 3개, 검은 공 $n-3$개가 들어 있다.

(i) 1번 상자에서 흰 공 1개, 검은 공 1개를 꺼내는 경우

이때의 확률은 $\dfrac{{}_1C_1 \times {}_{n-1}C_1}{{}_nC_2} = \dfrac{1 \times (n-1)}{\dfrac{n(n-1)}{2}} = \dfrac{2}{n}$ 이다.

1번 상자에서 꺼낸 2개의 공을 임의로 2번 상자와 3번 상자에
각각 하나씩 넣는 경우는 다음과 같다.

㉠ 2번 상자에 흰 공, 3번 상자에 검은 공을 넣는 경우

이때의 확률은 $\dfrac{1}{2}$ 이고,

2번 상자에는 흰 공 3개, 검은 공 $n-2$개가 들어 있고
3번 상자에도 흰 공 3개, 검은 공 $n-2$개가 들어 있다.
이제, 2번 상자에서 임의로 1개의 공을 꺼낼 때, 흰 공을 꺼낼

확률은 $\dfrac{3}{n+1}$ 이다.

㉡ 2번 상자에 검은 공, 3번 상자에 흰 공을 넣는 경우

이때의 확률은 $\dfrac{1}{2}$ 이고,

2번 상자에는 흰 공 2개, 검은 공 $n-1$개가 들어 있고
3번 상자에는 흰 공 4개, 검은 공 $n-3$개가 들어 있다.
이제, 2번 상자에서 임의로 1개의 공을 꺼낼 때, 흰 공을 꺼낼

확률은 $\dfrac{2}{n+1}$ 이다.

따라서 마지막에 꺼낸 공이 흰 공일 확률은

$$\dfrac{2}{n} \times \left(\dfrac{1}{2} \times \dfrac{3}{n+1} + \dfrac{1}{2} \times \dfrac{2}{n+1} \right)$$
$$= \dfrac{2}{n} \times \left(\dfrac{3}{2(n+1)} + \dfrac{2}{2(n+1)} \right) = \dfrac{5}{n(n+1)}$$

(ii) 1번 상자에서 검은 공 2개를 꺼내는 경우

이때의 확률은 $\dfrac{{}_{n-1}C_2}{{}_nC_2} = \dfrac{\dfrac{(n-1)(n-2)}{2}}{\dfrac{n(n-1)}{2}} = \dfrac{n-2}{n}$ 이다.

1번 상자에서 꺼낸 2개의 공을 임의로 2번 상자와 3번 상자에

각각 하나씩 넣으면 2번 상자에는 흰 공 2개, 검은 공 $n-1$개
들어 있고 3번 상자에는 흰 공 3개, 검은 공 $n-2$개 들어 있다.
이제, 3번 상자에서 임의로 1개의 공을 꺼낼 때, 흰 공을 꺼낼

확률은 $\dfrac{3}{n+1}$ 이다.

따라서 마지막에 꺼낸 공이 흰 공일 확률은

$$\dfrac{n-2}{n} \times \dfrac{3}{n+1} = \dfrac{3(n-2)}{n(n+1)}$$

(i), (ii)에서 마지막에 꺼낸 공이 흰 공이었을 때, 1번 상자에서
꺼낸 공에 흰 공이 포함되어 있을 확률을 p라 하면

$$p = \dfrac{\dfrac{5}{n(n+1)}}{\dfrac{5}{n(n+1)} + \dfrac{3(n-2)}{n(n+1)}} = \dfrac{5}{3n-1}$$ 이다.

58 정답 492

[출제자 : 서태욱T]

(ⅰ) $n=2$일 때

$P(A) = \dfrac{1}{2}$, $P(B) = 1$, $P(A \cap B) = \dfrac{1}{2}$에서

$P(A)P(B) = P(A \cap B)$이므로 두 사건 A와 B는 서로
독립이다.

(ⅱ) $n=3$일 때

$P(A) = \dfrac{1}{3}$, $P(B) = \dfrac{2}{3}$, $P(A \cap B) = \dfrac{1}{3}$에서

$P(A)P(B) \neq P(A \cap B)$이므로 두 사건 A와 B는 서로 독립이
아니다.

(ⅲ) $n=4$일 때

$P(A) = \dfrac{1}{2}$, $P(B) = \dfrac{1}{2}$, $P(A \cap B) = \dfrac{1}{4}$에서

$P(A)P(B) = P(A \cap B)$이므로 두 사건 A와 B는 서로
독립이다.

(ⅳ) $n=5$일 때

$P(A) = \dfrac{2}{5}$, $P(B) = \dfrac{3}{5}$, $P(A \cap B) = \dfrac{1}{5}$에서

$P(A)P(B) \neq P(A \cap B)$이므로 두 사건 A와 B는 서로 독립이
아니다.

(ⅴ) $n=6$일 때

$P(A) = \dfrac{1}{2}$, $P(B) = \dfrac{1}{2}$, $P(A \cap B) = \dfrac{1}{6}$에서

$P(A)P(B) \neq P(A \cap B)$이므로 두 사건 A와 B는 서로 독립이
아니다.

(ⅵ) $n=7$일 때

$P(A) = \dfrac{3}{7}$, $P(B) = \dfrac{3}{7}$, $P(A \cap B) = \dfrac{1}{7}$에서

$P(A)P(B) \neq P(A \cap B)$이므로 두 사건 A와 B는 서로 독립이
아니다.

(ⅶ) $n=8$일 때

$P(A) = \dfrac{1}{2}$, $P(B) = \dfrac{3}{8}$, $P(A \cap B) = \dfrac{1}{8}$에서

$P(A)P(B) \neq P(A \cap B)$이므로 두 사건 A와 B는 서로 독립이

아니다.

(viii) $n=9$일 때

$\mathrm{P}(A)=\dfrac{4}{9}$, $\mathrm{P}(B)=\dfrac{1}{3}$, $\mathrm{P}(A\cap B)=\dfrac{1}{9}$에서

$\mathrm{P}(A)\mathrm{P}(B)\neq\mathrm{P}(A\cap B)$이므로 두 사건 A와 B는 서로 독립이
아니다.

(ix) $n=10$ 이상의 짝수일 때

$\mathrm{P}(A)=\dfrac{1}{2}$, $\mathrm{P}(B)=\dfrac{4}{n}$, $\mathrm{P}(A\cap B)=\dfrac{2}{n}$에서

$\mathrm{P}(A)\mathrm{P}(B)=\mathrm{P}(A\cap B)$이므로 두 사건 A와 B는 서로
독립이다.

(x) $n=10$ 이상의 홀수일 때

$\mathrm{P}(A)=\dfrac{n-1}{2n}$, $\mathrm{P}(B)=\dfrac{4}{n}$, $\mathrm{P}(A\cap B)=\dfrac{2}{n}$에서

$\mathrm{P}(A)\mathrm{P}(B)=\mathrm{P}(A\cap B)$를 만족시키는 n의 값은 없으므로 두
사건 A와 B는 서로 독립이 아니다.

(i) ~ (x)에서 조건을 만족시키는 n의 값은

$$2,\ 4,\ 10,\ 12,\ 14,\ \cdots$$

이므로 $a_1=2$, $a_2=4$이고 $a_k=2k+4\ (k\geq 3)$

따라서

$$\sum_{k=1}^{20} a_k = a_1+a_2+\sum_{k=3}^{20}(2k+4)$$
$$=2+4+\frac{18(10+44)}{2}$$
$$=492$$

59 정답 65

$30=2\times 3\times 5$이므로 임의로 선택한 세 수를 a b, c라 하면
$0\leq x_i\leq 1$, $0\leq y_i\leq 1$, $0\leq z_i\leq 1$인 정수 x_i, y_i, z_i에
대하여

$a=2^{x_1}\times 3^{y_1}\times 5^{z_1}$, $b=2^{x_2}\times 3^{y_2}\times 5^{z_2}$, $c=2^{x_3}\times 3^{y_3}\times 5^{z_3}$
이다.

$60=2^2\times 3\times 5$이므로

세 수의 곱이 60의 배수이기 위해서는

$x_1+x_2+x_3\geq 2$, $y_1+y_2+y_3\geq 1$,

$z_1+z_2+z_3\geq 1$이다. $\cdots\ \bigcirc$

이때, $900=2^2\times 3^2\times 5^2$이므로

세 수의 곱이 900의 배수이기 위해서는

$x_1+x_2+x_3\geq 2$, $y_1+y_2+y_3\geq 2$, $z_1+z_2+z_3\geq 2\ \cdots\ \bigcirc\!\!\bigcirc$

$y_1+y_2+y_3=1$인 경우는 3가지

$y_1+y_2+y_3=2$인 경우는 3가지

$y_1+y_2+y_3=3$인 경우는 1가지

$z_1+z_2+z_3=1$인 경우는 3가지

$z_1+z_2+z_3=2$인 경우는 3가지

$z_1+z_2+z_3=3$인 경우는 1가지

따라서

$\bigcirc$에서 $y_1+y_2+y_3\geq 1$, $z_1+z_2+z_3\geq 1$인 경우는

$$7\times 7=49$$

$\bigcirc\!\!\bigcirc$에서 $y_1+y_2+y_3\geq 2$, $z_1+z_2+z_3\geq 2$인 경우는

$$4\times 4=16$$

그러므로 세 수의 곱이 60의 배수일 때, 세수의 곱이 900의
배수가 될 확률은

$\dfrac{16}{49}$이다.

$p=49$, $q=16$

$p+q=49+16=65$

60 정답 16

[출제자 : 김경민T]

얻은 3개의 점수의 합이 5인 사건을 A, 꺼낸 3개의 공 중에서
검은 공이 2개이상 있는 사건을 B라 하면 구하는 확률은
$\mathrm{P}(B|A)$이다.

얻은 점수의 합이 5인 경우는

$5=1+1+3=1+2+2$이므로 다음과 같은 경우로 나누어
구할 수 있다.

(i) 얻은 점수가 1,1,3인 경우

1이 적혀 있는 검은 공 2개, 3이 적혀 있는 공을 꺼낼 확률은

$$\frac{3!}{2!}\times\left(\frac{2}{7}\right)^2\times\frac{1}{7}=\frac{12}{7^3}$$

1이 적혀있는 검은공 1개, 흰공 1개, 3이 적혀있는 공을 꺼낼
확률은

$$3!\times\frac{2}{7}\times\frac{1}{7}\times\frac{1}{7}=\frac{12}{7^3}$$

1이 적혀 있는 흰 공 2개, 3이 적혀 있는 공을 꺼낼 확률은

$$\frac{3!}{2!}\times\left(\frac{1}{7}\right)^2\times\frac{1}{7}=\frac{3}{7^3}$$

(ii) 얻은 점수가 1,2,2인 경우

1이 적혀있는 흰 공, 2가 적혀 있는 흰 공 2개의 공을 꺼낼
확률은

$$\frac{3!}{2!}\times\frac{1}{7}\times\left(\frac{1}{7}\right)^2=\frac{3}{7^3}$$

1이 적혀있는 흰 공, 2가 적혀 있는 흰 공 1개, 검은 공 1개의
공을 꺼낼 확률은

$$3!\times\frac{1}{7}\times\frac{1}{7}\times\frac{2}{7}=\frac{12}{7^3}$$

1이 적혀있는 흰공, 2가 적혀있는 검은공2개의 공을 꺼낼
확률은

$$\frac{3!}{2!}\times\frac{1}{7}\times\left(\frac{2}{7}\right)^2=\frac{12}{7^3}$$

1이 적혀있는 검은공, 2가 적혀있는 흰공 2개의 공을 꺼낼
확률은

$$\frac{3!}{2!}\times\frac{2}{7}\times\left(\frac{1}{7}\right)^2=\frac{6}{7^3}$$

1이 적혀있는 검은공, 2가 적혀있는 흰공 1개, 검은공 1개의

공을 꺼낼 확률은

$$3! \times \frac{2}{7} \times \frac{1}{7} \times \frac{2}{7} = \frac{24}{7^3}$$

1이 적혀있는 검은공, 2가 적혀있는 검은공 2개의 공을 꺼낼 확률은

$$\frac{3!}{2!} \times \frac{2}{7} \times \left(\frac{2}{7}\right)^2 = \frac{24}{7^3}$$

(i), (ii)에서

$$P(A) = \frac{12+12+3+3+12+12+6+24+24}{7^3} = \frac{108}{7^3}$$

또한 (i), (ii)에서 꺼낸 3개의 공 중에서 검은 공이 2개이상 있을 확률은 $P(A \cap B) = \dfrac{12+12+24+24}{7^3} = \dfrac{72}{7^3}$

따라서 구하는 확률은

$$P(B|A) = \frac{P(A \cap B)}{P(A)} = \frac{\frac{72}{7^3}}{\frac{108}{7^3}} = \frac{2}{3}$$ 이므로

$p = \dfrac{2}{3}$이 되어 $24p = 16$이다.

61 정답 23

두 자연수 m, n이 나타내는 경우의 수는

$$\frac{6!}{2!2!2!} = 90$$ 이고

$m > n$, $m = n$, $m < n$인 경우만 나타난다.

$m = n$인 경우는 $3! = 6$가지이고

$m > n$과 $m < n$은 같은 경우의 수가 나타나므로 각각

$$\frac{90-6}{2} = 42$$ 이다.

따라서 $m \geq n$의 경우의 수는 $42+6 = 48$

$$\frac{48}{90} = \frac{8}{15}$$

$p = 15$, $q = 8$이므로 $p + q = 23$

62 정답 ④

전체 경우의 수는 $_{31}P_3$

서로 다른 집합 31개에서 포함 관계가 성립하기 위해서는 $n(A) = a$, $n(B) = b$, $n(C) = c$ 라 할 때, $a < b < c$ 가 성립해야 한다.

(a, b, c)가

(i) $(1, 2, 3)$일 때, 경우의 수는
$_5C_1 \times _4C_1 \times _3C_1 = 5 \times 4 \times 3 = 60$

(ii) $(1, 2, 4)$일 때, 경우의 수는
$_5C_1 \times _4C_1 \times _3C_2 = 5 \times 4 \times 3 = 60$

(iii) $(1, 2, 5)$일 때, 경우의 수는
$_5C_1 \times _4C_1 \times _3C_3 = 5 \times 4 \times 1 = 20$

(iv) $(1, 3, 4)$일 때, 경우의 수는
$_5C_1 \times _4C_2 \times _2C_1 = 5 \times 6 \times 2 = 60$

(v) $(1, 3, 5)$일 때, 경우의 수는
$_5C_1 \times _4C_2 \times _2C_2 = 5 \times 6 \times 1 = 30$

(vi) $(1, 4, 5)$일 때, 경우의 수는
$_5C_1 \times _4C_3 \times _1C_1 = 5 \times 4 \times 1 = 20$

(vii) $(2, 3, 4)$일 때, 경우의 수는
$_5C_2 \times _3C_1 \times _2C_1 = 10 \times 3 \times 1 = 30$

(viii) $(2, 3, 5)$일 때, 경우의 수는
$_5C_2 \times _3C_1 \times _3C_3 = 10 \times 3 \times 1 = 30$

(ix) $(2, 4, 5)$일 때, 경우의 수는
$_5C_2 \times _3C_2 \times _1C_1 = 10 \times 3 \times 1 = 30$

(x) $(3, 4, 5)$일 때, 경우의 수는
$_5C_3 \times _2C_1 \times _1C_1 = 10 \times 2 \times 1 = 20$

따라서 (i)~(x)의 합은 $60 \times 3 + 30 \times 4 + 20 \times 3 = 360$이므로

$$\frac{360}{31 \times 30 \times 29} = \frac{12}{31 \times 29} = \frac{12}{899}$$

> **[랑데뷰팁]**
> 조합기호 C의 아래첨자 수의 합이 c의 값이 되는 걸 확인하면 빠짐없이 셀 수 있다.
> 예를 들어 (i) $(1, 2, 3)$에서 $c = 3$이고
> $_5C_1 \times _4C_1 \times _3C_1 =$의 $1+1+1 = 3$

[다른 풀이]–유승희T

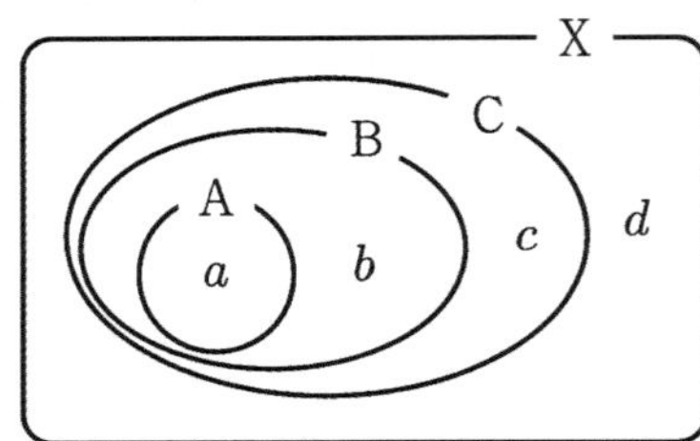

a, b, c영역은 적어도 하나의 원소가 있고
d영역은 원소가 없어도 된다.
따라서 각 영역의 원소의 개수가
(1) d영역에 원소가 없는 경우는 a, b, c영역으로 1, 2, 3, 4, 5를 분할하여 분배하는 경우의 수이다.

(i) 1개, 1개, 3개로 분할하는 경우

$$_5C_1 \times _4C_1 \times _3C_3 \times \frac{1}{2!} \times 3! = 60 (가지)$$

(ii) 1개, 2개, 2개로 분할하는 경우

$$_5C_1 \times _4C_2 \times _2C_2 \times \frac{1}{2!} \times 3! = 90 (가지)$$

(2) d영역에 원소가 있는 경우는 a, b, c, d영역으로 1, 2, 3, 4, 5를 분할하여 분배하는 경우의 수이다.
1개, 1개, 1개, 2개로 분할하는 경우 뿐이다.

$$_5C_1 \times _4C_1 \times _3C_1 \times \frac{1}{3!} \times 4! = 240 (가지)$$

(1), (2)에서 $A \subset B \subset C$인 경우의 수는
$60 + 90 + 240 = 390$

63 정답 ⑤

(i)

[홀홀홀홀]이 나오면 $y \leq x$을 만족한다.

홀수가 나올 확률은 $\frac{1}{2}$, 짝수가 나올 확률도 $\frac{1}{2}$이다.

따라서 $_4C_4 \left(\frac{1}{2}\right)^4 \left(\frac{1}{2}\right)^0 = \frac{1}{16}$

(ii)

[홀홀홀짝]이 나오면 $y \leq x$을 만족하는 경우는 다음과 같다.
여사건을 이용하자.

전체 확률은 $_4C_3 \left(\frac{1}{2}\right)^3 \left(\frac{1}{2}\right)^1 = \frac{4}{16}$

$y > x$인 경우는

① 짝수가 6일 때, 홀수가 $1+1+1$, $1+1+3$

으로 $\dfrac{\frac{4!}{3!} + \frac{4!}{2!}}{6^4} = \dfrac{16}{6^4} = \dfrac{1}{81}$

② 짝수가 4일 때, 홀수가 $1+1+1$

으로 $\dfrac{\frac{4!}{3!}}{6^4} = \dfrac{1}{324}$

따라서 $y \leq x$일 확률은

$\dfrac{4}{16} - \left(\dfrac{1}{81} + \dfrac{1}{324}\right) = \dfrac{324 - 16 - 4}{1296} = \dfrac{304}{1296} = \dfrac{19}{81}$

(i), (ii)

홀수가 적어도 3번 나왔을 때 부등식 $y \leq x$를 만족시킬 확률은

$\dfrac{1}{16} + \dfrac{19}{81}$

$= \dfrac{81 + 304}{1296}$

$= \dfrac{385}{1296}$

64 정답 119

$a \leq b \leq c$이므로
$|a-b| + |b-c| + |c-a|$
$= -a + b - b + c + c - a$
$= 2(c-a)$
이다.
$|a-b| + |b-c| + |c-a|$이 4의 배수이고
$0 \leq c - a \leq 5$이므로
$2(c-a) = 4$, $2(c-a) = 8$이 가능하다.
(i) $c - a = 2$인 경우
(a, b, c)의 순서쌍을 구해보면
$(1, b, 3)$, $(2, b, 4)$, $(3, b, 5)$, $(4, b, 6)$이고 각 경우 b가 될 수

있는 값이 3가지 이므로
$4 \times 3 = 12$
(ii) $c - a = 4$인 경우
(a, b, c)의 순서쌍을 구해보면
$(1, b, 5)$, $(2, b, 6)$이고 각 경우 b가 될 수 있는 값이 5가지
이므로
$2 \times 5 = 10$
(i), (ii)에서 구하려는 확률은
$\dfrac{12 + 10}{6^3} = \dfrac{22}{216} = \dfrac{11}{108}$

$p = 108$, $q = 11$이므로
$p + q = 119$이다.

65 정답 319

벤 다이어 그램에서 $(A \cup B)^c \rightarrow ①$, $A - B \rightarrow ②$, $A \cap B \rightarrow ③$,
$B - A \rightarrow ④$ 라 하자

(i)

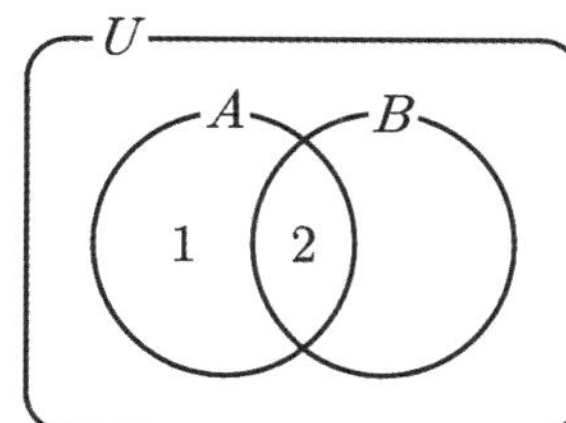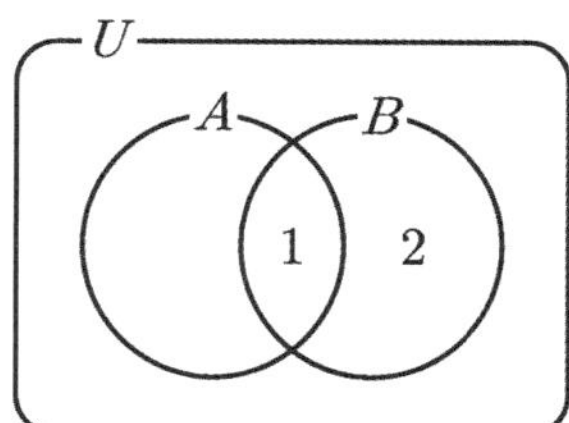

3, 4, 5가 들어가는 경우의 : $4 \times 4 \times 4 = 64$
설명 : ①~④ 어디든 가능
$n(B) = 3$인 경우의 수 : $_3C_2 \times 2^2 \times 2 = 24$
설명 : 왼쪽 벤 다이어 그램에서 3, 4, 5중 2개를
선택하여$(_3C_2)$ ①, ④에 넣는다.(2×2)
그리고 남은 나머지 한 개는 ② 또는 ③에 넣는다.(2가지)
오른쪽 벤 다이어 그림도 마찬가지$(\times 2)$

(ii)

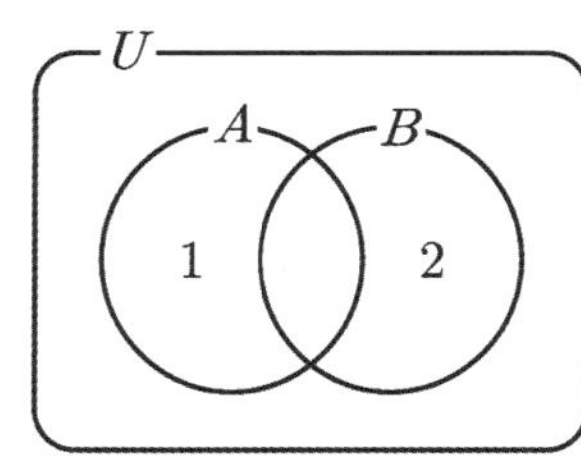

3, 4, 5가 들어가는 경우의 : $4^3 - 3^3 = 37$
설명 : ①~④중 한 곳에 넣는다.(4^3)
①,②,④중 한 곳에 넣는다.(3^3)
($\because$ ③에 원소가 없으면 조건(가)가 성립안함)
$n(B) = 3$인 경우의 수 : $_3C_2 \times (2^2 - 1) \times 2 = 18$
설명 : 3, 4, 5 중 두 개를 선택 $(_3C_2)$
③ 또는 ④에 넣는데 모두 ③에 들어간 경우는 제외 $(2^2 - 1)$
나머지 한 개는 ① 또는 ②에 넣는다. (2가지)

(iii)

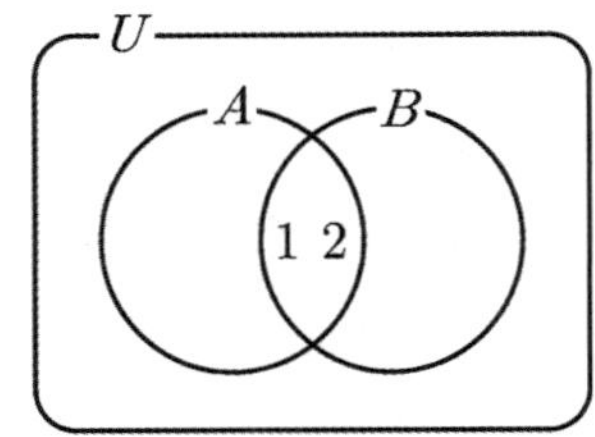

3, 4, 5가 들어가는 경우의 : $4 \times 4 \times 4 = 64$

$n(B) = 3$인 경우의 수 : $_3C_1 \times 2 \times 2^2 = 24$

$P = \dfrac{2 \times 24 + 18 + 24}{2 \times 64 + 37 + 64} = \dfrac{90}{229}$

$p = 229$, $q = 90$이므로 $p + q = 319$

66 정답 224

그림과 같이 선분 AB 위의 점을 A에 가까운 점부터 P_1, P_2, P_3, P_4, P_5이라 하고 선분 CD 위의 점을 D에 가까운 점부터 Q_1, Q_2, Q_3, Q_4, Q_5이라 하자.

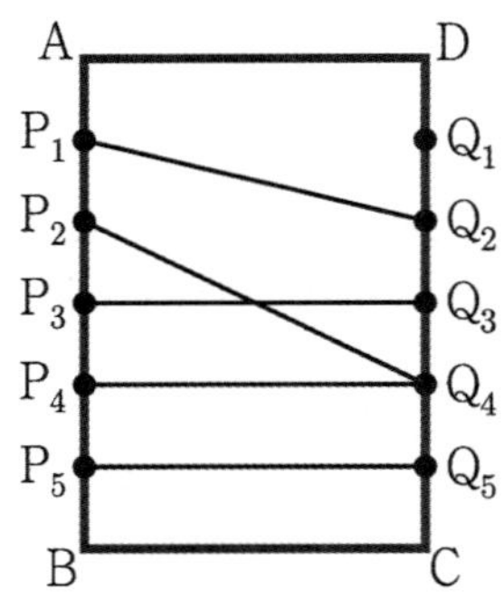

점 P_i $(i = 1, 2, 3, 4, 5)$와 점 Q_j $(j = 1, 2, 3, 4, 5)$를 연결하여 5개의 선분을 그리는 경우의 수는 $_5\Pi_5$이다. 직사각형 ABCD가 추가된 5개의 선분에 의하여 나누어진 영역의 개수가 7이기 위해서는 두 점 위 그림의 두 점 P_2, P_3의 경우와 같이 서로 이웃한 두 점을 연결한 선분이 직사각형 내부에서만 만나고 다른 점들을 연결한 선분이 직사각형 내부에서 만나지 않을 때 가능하다.

따라서 다음과 같은 경우로 나누어 구할 수 있다.

(i) 두 점 P_1, P_2에서 연결한 두 선분만 직사각형 내부에서 만날 경우

① P_2를 Q_1에 연결할 때,

P_1은 Q_2, Q_3, Q_4, Q_5에 어디든 연결할 수 있고 연결된 점을 Q_α라 하면 P_3, P_4, P_5는 α보다 크거나 같은 점에 연결되어야 조건을 만족한다.

따라서 $_4H_4 = {_7C_4} = {_7C_3} = \dfrac{7 \times 6 \times 5}{3 \times 2 \times 1} = 35$

② P_2를 Q_2에 연결할 때,

P_1은 Q_3, Q_4, Q_5에 어디든 연결할 수 있고 연결된 점을 Q_α라 하면 P_3, P_4, P_5는 α보다 크거나 같은 점에 연결되어야 조건을 만족한다.

따라서 $_3H_4 = {_6C_4} = {_6C_2} = \dfrac{6 \times 5}{2 \times 1} = 15$

③ P_2를 Q_3에 연결할 때,

P_1은 Q_4, Q_5에 어디든 연결할 수 있고 연결된 점을 Q_α라 하면 P_3, P_4, P_5는 α보다 크거나 같은 점에 연결되어야 조건을 만족한다.

따라서 $_2H_4 = {_5C_4} = {_5C_1} = 5$

④ P_2를 Q_4에 연결할 때,

P_1은 Q_5에만 연결할 수 있고 P_3, P_4, P_5도 Q_5에만 연결할 수 있다.

따라서 $_1H_4 = {_4C_4} = 1$

①~④에서 $35 + 15 + 5 + 1 = 56$

(ii) 두 점 P_2, P_3에서 연결한 두 선분만 직사각형 내부에서 만날 경우

① P_3를 Q_1에 연결할 때,

P_1은 Q_1에 연결되어야 하고 P_2은 Q_2, Q_3, Q_4, Q_5에 어디든 연결할 수 있고 연결된 점을 Q_α라 하면 P_4, P_5는 α보다 크거나 같은 점에 연결되어야 조건을 만족한다.

따라서 $_1H_1 \times {_4H_3} = 1 \times 20 = 20$

② P_3를 Q_2에 연결할 때,

P_1은 Q_1, Q_2 중에 하나에 연결되어야 하고 P_2은 Q_3, Q_4, Q_5에 어디든 연결할 수 있고 연결된 점을 Q_α라 하면 P_4, P_5는 α보다 크거나 같은 점에 연결되어야 조건을 만족한다.

따라서 $_2H_1 \times {_3H_3} = 2 \times 10 = 20$

③ P_3를 Q_3에 연결할 때,

P_1은 Q_1, Q_2, Q_3 중에 하나에 연결되어야 하고 P_2은 Q_4, Q_5에 어디든 연결할 수 있고 연결된 점을 Q_α라 하면 P_4, P_5는 α보다 크거나 같은 점에 연결되어야 조건을 만족한다.

따라서 $_3H_1 \times {_2H_3} = 3 \times 4 = 12$

④ P_3를 Q_4에 연결할 때,

P_1은 Q_1, Q_2, Q_3, Q_4중에 하나에 연결되어야 하고 P_2은 Q_5에 연결되어야 하고 P_4, P_5도 또한 Q_5에 연결되어야 한다.

따라서 $_4H_1 \times {_1H_3} = 4 \times 1 = 4$

①~④에서 $20 + 20 + 12 + 4 = 56$

(iii) 두 점 P_3, P_4에서 연결한 두 선분만 직사각형 내부에서 만날 경우

같은 방법으로

$_1H_2 \times {_4H_2} + {_2H_2} \times {_3H_2} + {_3H_2} \times {_2H_2} + {_4H_2} \times {_1H_2}$
$= 10 + 18 + 18 + 10 = 56$

(iv) 두 점 P_4, P_5에서 연결한 두 선분만 직사각형 내부에서 만날 경우

(i)과 대칭이므로 56

(i)~(iv)에서 총 경우의 수는 $56 \times 4 = 224$이다.

따라서 $\dfrac{224}{5^5}$ 에서 $a=224$ 이다.

[다른 풀이 : 박광식 프라하수학학원]

그림과 같이 선분 AB 위의 점을 A에 가까운 점부터 P_1, P_2, P_3, P_4, P_5이라 하고 선분 CD 위의 점을 D에 가까운 점부터 Q_1, Q_2, Q_3, Q_4, Q_5이라 하자.

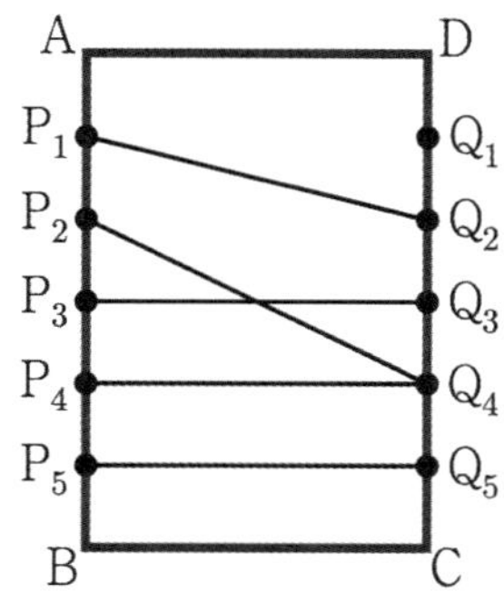

점 $P_i\,(i=1,\ 2,\ 3,\ 4,\ 5)$와 점 $Q_j\,(j=1,\ 2,\ 3,\ 4,\ 5)$를 연결하여 5개의 선분을 그리는 경우의 수는 $_5\Pi_5$이다. 직사각형 ABCD가 추가된 5개의 선분에 의하여 나누어진 영역의 개수가 7이기 위해서는 두 점 위 그림의 두 점 P_2, P_3의 경우와 같이 서로 이웃한 두 점을 연결한 선분이 직사각형 내부에서만 만나고 다른 점들을 연결한 선분이 직사각형 내부에서 만나지 않을 때 가능하다.

(i) 직사각형 내부에서 만나는 두 점 선택하는 경우의 수
P_1, P_2, P_3, P_4, P_5에서 인접한 두 점을 선택하는 경우의 수이므로
4
(ii) P_1, P_2, P_3, P_4, P_5에 대응되는 점들을 선택하는 경우의 수
위 (i)의 경우 중 두 점 P_2, P_3에서 그은 두 선분이 직사각형 내부에서 만날 때의 경우의 수를 구하자.
P_1, P_2, P_3, P_4, P_5에 대응되는 점들을 차례대로 $P_1{}'$, $P_2{}'$, $P_3{}'$, $P_4{}'$, $P_5{}'$이라 하자.
두 점 P_2, P_3에서 그은 두 선분이 직사각형 내부에서 만나야 하므로 $P_2{}'$, $P_3{}'$는 서로 다른 점이어야 하고 그 외의 점들은 엇갈리지만 않으면 된다. 따라서 Q_1, Q_2, Q_3, Q_4, Q_5에서

$$P_1{}' \leq P_3{}' < P_2{}' \leq P_4{}' \leq P_5{}'$$

(등호는 동일한 점이어도 된다는 의미)

의 순서로 다섯 점을 선택하는 경우의 수와 같다.
이는

$$P_1{}' \leq P_3{}' \leq P_2{}' \leq P_4{}' \leq P_5{}'$$

인 경우의 수에서

$$P_1{}' \leq P_3{}' = P_2{}' \leq P_4{}' \leq P_5{}'$$

인 경우의 수를 빼면 되므로

$$_5H_5 - _5H_4 = _9C_5 - _8C_4 = 56$$

(i), (ii)에서 구하는 경우의 수는

$$4 \times 56 = 224$$

이고 확률은

$$\dfrac{224}{_5\Pi_5} = \dfrac{224}{5^5}$$

이고 $a=224$ 이다.

67 정답 195

서로 다른 주사위 2개를 동시에 던져 나온 두 눈의 수의 곱의 결과를 순서쌍으로 나타내면
15일 때, $(3, 5)$, $(5, 3)$
16일 때, $(4, 4)$
18일 때, $(3, 6)$, $(6, 3)$
20일 때, $(4, 5)$, $(5, 4)$
24일 때, $(4, 6)$, $(6, 4)$
25일 때, $(5, 5)$
30일 때, $(5, 6)$, $(6, 5)$
36일 때, $(6, 6)$
두 눈의 곱이 15이상인 경우의 수는 13이다.

서로 다른 주사위 2개를 동시에 던져 나온 두 눈의 수의 합이 짝수일 때는
짝수+짝수 인 경우 $3 \times 3 = 9$
홀수+홀수 인 경우 $3 \times 3 = 9$
으로 총 18가지 이므로 $P(B) = \dfrac{1}{2}$ 이다.

두 눈의 곱이 15이상 30이하일 때의 경우의 수가 12이고 그 때의 두 눈의 합이 짝수인 경우는 $(3, 5)$, $(5, 3)$, $(4, 4)$, $(4, 6)$, $(6, 4)$, $(5, 5)$로 경우의 수가 6이다.
따라서 $P(A) = \dfrac{12}{36} = \dfrac{1}{3}$, $P(A \cap B) = \dfrac{6}{36} = \dfrac{1}{6}$
$P(A \cap B) = P(A) \times P(B)$가 성립한다.
따라서 m의 값은 30이상의 35이하의 자연수이다.
$30 + 31 + 32 + 33 + 34 + 35 = 195$

68 정답 92

(가), (나)를 만족시키는 두 함수 $f : X \to Y$, $g : Y \to Y$의 모든 순서쌍 $(f,\ g)$의 개수는

(i) f의 치역의 개수가 1일 때
f의 치역이 될 원소를 고르는 경우의 수 $_3C_1$
f에 의해 X를 Y에 대응시키는 경우의 수 1
f의 치역의 원소가 (나) 조건을 만족시키도록 Y에 대응되는 경우의 수 $_3H_1$
Y의 나머지 원소 2개를 대응시키는 경우의 수 3^2
따라서 $_3C_1 \times _3H_1 \times 3^2$

(ii) f의 치역의 개수가 2일 때

f의 치역이 될 원소를 고르는 경우의 수 $_3C_2$

f에 의해 X를 Y에 대응시키는 경우의 수 $_2H_2$

f의 치역의 원소가 (나) 조건을 만족시키도록 Y에 대응되는
경우의 수 $_3H_2$

Y의 나머지 원소 2개를 대응시키는 경우의 수 3

따라서 $_3C_2 \times _2H_2 \times _3H_2 \times 3$

(iii) f의 치역의 개수가 3일 때

f의 치역이 될 원소를 고르는 경우의 수 $_3C_3$

f에 의해 X를 Y에 대응시키는 경우의 수 $_3H_1$

f의 치역의 원소가 (나) 조건을 만족시키도록 Y에 대응되는
경우의 수 $_3H_3$

따라서 $_3H_1 \times _3H_3$

(가), (나)를 만족시키는 두 함수 $f : X \to Y$, $g : Y \to Y$의 모든
순서쌍 (f, g) 중 함수 $g \circ f$의 치역이 Y인 경우는 위의
(iii)에서 f의 치역의 원소가 Y에 크기 역순으로 일대일로
대응되는 것이므로 $_3H_1 \times 1$

따라서 구하는 확률은

$$\frac{_3H_1 \times 1}{_3C_1 \times _3H_1 \times 3^2 + _3C_2 \times _2H_2 \times _3H_2 \times 3 + _3H_1 \times _3H_3} = \frac{1}{91}$$

69 정답 ④

여사건의 확률을 이용하자.

(1) 시행을 3번 했을 때, 원탁의 6개의 접시 위에 사과가 없는
접시가 있을 확률을 구해보자.

(i) 이웃한 세 접시의 숫자만 주사위에서 나오는 경우
$(1, 2, 3)$, $(2, 3, 4)$, $\cdots$, $(6, 1, 2)$로 6가지이다.

일어날 확률은 $\left(\dfrac{1}{2}\right)^3$

따라서 $6 \times \dfrac{1}{8} = \dfrac{3}{4}$

(ii) 이웃한 두 접시의 숫자만 주사위에서 나오는 경우
$(1, 2)$, $(2, 3)$, $\cdots$, $(6, 1)$로 6가지이다.

일어날 확률은 $\left(\dfrac{1}{3}\right)^3$

따라서 $6 \times \dfrac{1}{27} = \dfrac{2}{9}$

(i)의 경우에 (ii)가 중복되므로

$$\frac{3}{4} - \frac{2}{9} = \frac{27-8}{36} = \frac{19}{36}$$

따라서 구하려는 확률은 $1 - \dfrac{19}{36} = \dfrac{17}{36}$ 이다.

(2) 시행을 3번 했을 때, 정사각형 탁자의 4개의 접시 위에 배가
없는 접시가 있을 확률을 구해보자.

(i) 이웃한 한 접시의 숫자만 주사위에서 나오는 경우
(1), (2), (3), (4)로 4가지이다.

일어날 확률은 $\left(\dfrac{1}{4}\right)^3$

따라서 $4 \times \dfrac{1}{64} = \dfrac{1}{16}$

그러므로 구하려는 확률은 $1 - \dfrac{1}{16} = \dfrac{15}{16}$

(1), (2)에서 $\dfrac{17}{36} \times \dfrac{15}{16} = \dfrac{85}{192}$

(1)의 [다른 풀이]

(i) 한 접시의 숫자만 주사위에서 나오는 경우
(1), (2), $\cdots$, (6)로 6가지이다.

일어날 확률은 $\left(\dfrac{1}{6}\right)^3$

따라서 $6 \times \dfrac{1}{216} = \dfrac{1}{36}$

(ii) 이웃한 두 접시의 숫자만 주사위에서 나오는 경우
$(1, 2)$, $(2, 3)$, $\cdots$, $(6, 1)$로 6가지이다.

일어날 확률은 $\left(\dfrac{1}{3}\right)^3$

따라서 $6 \times \dfrac{1}{27} = \dfrac{2}{9}$

(i)과 중복되는 경우가 2가지씩 있으므로

$$\frac{2}{9} - 2 \times \frac{1}{36} = \frac{1}{6}$$

(iii) 이웃한 세 접시의 숫자만 주사위에서 나오는 경우
$(1, 2, 3)$, $(2, 3, 4)$, $\cdots$, $(6, 1, 2)$로 6가지이다.

일어날 확률은 $\left(\dfrac{1}{2}\right)^3$

따라서 $6 \times \dfrac{1}{8} = \dfrac{3}{4}$

(i), (ii)과 중복되는 경우가 각각 2가지, 3가지씩 있으므로

$$\frac{3}{4} - 2 \times \frac{1}{6} - 3 \times \frac{1}{36} = \frac{27-12-3}{36} = \frac{12}{36} = \frac{1}{3}$$

(i), (ii), (iii)에서

$$\frac{1}{36} + \frac{1}{6} + \frac{1}{3} = \frac{19}{36}$$

따라서 구하려는 확률은 $1 - \dfrac{19}{36} = \dfrac{17}{36}$

70 정답 ②

한 개의 주사위를 던져 3의 배수의 눈이 나올 사건을 C, 3의

배수가 나오지 않을 사건을 D라 하자. $\mathrm{P}(C)=\dfrac{1}{3}$, $\mathrm{P}(D)=\dfrac{2}{3}$

한 개의 주사위를 7번 던져 사건 C가 나타난 횟수를 x, 사건

D가 나타난 횟수를 y라 하자.

$x+y=7\cdots\bigcirc$이고 조건에서 상자 A와 상자 B에 들어있는

공의 개수는 각각 $10-2x+2y$, $10+2x+2y$이다.

상자 B에 들어 있는 공의 개수가 상자 A에 들어 있는 공의

개수의 3배가 되어야 하므로

$10+2x+2y=3(10-2x+2y)$

$8x-4y=20$

$2x-y=5\cdots\bigcirc$

이다.

$\bigcirc$, $\bigcirc$에서 $x=4$, $y=3$이다.

주사위를 7번 던지는 시행에서 사건 C가 4번, 사건 D가 3번

나타나면 된다. $\cdots\bigcirc$

그런데 $\bigcirc$을 만족하는 두 자연수 x, y의 순서쌍은 $(3,1)$도

있으므로 주사위를 4번 던지는 동안 사건 C가 3번 사건 D가

1번 나타난 후 다시 주사위를 3번 더 던지는 동안 사건 C가 1번

사건 D가 2번 더 나타나는 확률은 제외시켜야 한다. $\cdots\bigcirc$

$\bigcirc$에서 ${}_7\mathrm{C}_4\left(\dfrac{1}{3}\right)^4\left(\dfrac{2}{3}\right)^3=\dfrac{35\times8}{3^7}=\dfrac{280}{3^7}$

$\bigcirc$에서 ${}_4\mathrm{C}_3\left(\dfrac{1}{3}\right)^3\left(\dfrac{2}{3}\right)\times{}_3\mathrm{C}_1\left(\dfrac{1}{3}\right)\left(\dfrac{2}{3}\right)^2=\dfrac{8\times12}{3^7}=\dfrac{96}{3^7}$

따라서 구하고자 하는 확률은

$\dfrac{280-96}{3^7}=\dfrac{184}{3^7}$

71 정답 67

복원추출 문제이다. 전체 경우의 수는 $15\times15=225$

$n(A)=a$, $n(B)=b$라 하면

a, b의 순서쌍 (a,b)에 대하여

(i) $a=1$일 때,

$\bigcirc$ $(1,1)$일 때, $4\times3=12$

$\bigcirc$ $(1,2)$일 때, $4\times3=12$

$\Rightarrow\{1\}$, $\{2\}$, $\{3\}$, $\{4\}$중의 한 개 선택 : 4,

그 중 $\{1\}$을 선택했다면

$\{2,3\}$, $\{2,4\}$, $\{3,4\}$ 중 한 개 선택 : 3

이면 $A\not\subset B$이고, $B\not\subset A$을 만족한다.

$\bigcirc$ $(1,3)$일 때, $4\times1=4$

따라서 $12+12+4=28$

(ii) $a=2$일 때 : 집합 X의 부분집합 중 원소의 개수가 2인

부분집합의 개수는 ${}_4\mathrm{C}_2=6$이다.

$\bigcirc$ $(2,1)$일 때, ${}_6\mathrm{C}_1\times{}_2\mathrm{C}_1=6\times2=12$

$\bigcirc$ $(2,2)$일 때, ${}_6\mathrm{C}_1\times{}_5\mathrm{C}_1=6\times5=30$

$\Rightarrow\{1,2\}$, $\{1,3\}$, $\{1,4\}$, $\{2,3\}$, $\{2,4\}$, $\{3,4\}$중의 한 개

선택 : 6,

그 중 $\{1,2\}$을 선택했다면

$\{1,3\}$, $\{1,4\}$, $\{2,3\}$, $\{2,4\}$, $\{3,4\}$ 중 한 개 선택 : 5

이면 $A\not\subset B$이고, $B\not\subset A$을 만족한다.

$\bigcirc$ $(2,3)$일 때, $6\times2=12$

원소의 개수가 2인 집합이 $\{1,2\}$일 때,

원소의 개수가 3인 집합 $\{1,3,4\}$, $\{2,3,4\}$ 중 하나를

선택하는 경우이다.

따라서 $12+30+12=54$

(iii) $a=3$일 때,

$\bigcirc$ $(3,1)$일 때, $4\times1=4$

$\bigcirc$ $(3,2)$일 때, $4\times3=12$

$\bigcirc$ $(3,3)$일 때, $4\times3=12$

따라서 $4+12+12=28$

$\dfrac{28+54+28}{15\times15}=\dfrac{110}{225}=\dfrac{22}{45}$

따라서 $p=45$, $q=22$

$p+q=67$

[다른 풀이]-장세완T

$A\subset B$인 경우의 수는

1, 2, 3, 4를

A, $B-A$, B^C에 각각 넣는 수와 같고

$A\neq\varnothing$이므로

3^4-2^4이고

$A\subset B$ 또는 $B\subset A$인 경우의 수

(단, A, B 모두 공집합이 아니다.)

$(3^4-2^5)+(3^4-2^5)-15=115$이므로

문제에서 구하는 확률은

$1-\dfrac{110}{15\times15}=\dfrac{22}{45}$

$p=45$, $q=22$

$p+q=67$

72 정답 293

조건 (가)에서 $abcd=2^3\times3^2\times5\times7$

$a=2^{x_1}3^{y_1}5^{z_1}7^{u_1}$, $b=2^{x_2}3^{y_2}5^{z_2}7^{u_2}$, $c=2^{x_3}3^{y_3}5^{z_3}7^{u_3}$,

$d=2^{x_4}3^{y_4}5^{z_4}7^{u_4}$

$(x_i,\ y_i,\ z_i,\ u_i$는 음이 아닌 정수, $i=1,\ 2,\ 3,\ 4\ )$

이라 하면

$abcd=2^{x_1+x_2+x_3+x_4}3^{y_1+y_2+y_3+y_4}5^{z_1+z_2+z_3+z_4}7^{u_1+u_2+u_3+u_4}$

$=2^3\times3^2\times5\times7$

에서

$x_1+x_2+x_3+x_4=3$

$$y_1 + y_2 + y_3 + y_4 = 2$$
$$z_1 + z_2 + z_3 + z_4 = 1$$
$$u_1 + u_2 + u_3 + u_4 = 1$$
이다.

$x_1 + x_2 + x_3 + x_4 = 3$를 만족시키는 음이 아닌 정수 x_1, x_2, x_3, x_4의 순서쌍 (x_1, x_2, x_3, x_4)의 개수는 ${}_4\mathrm{H}_3 = {}_6\mathrm{C}_3 = 20$

$y_1 + y_2 + y_3 + y_4 = 2$를 만족시키는 음이 아닌 정수 y_1, y_2, y_3, y_4의 순서쌍 (y_1, y_2, y_3, y_4)의 개수는 ${}_4\mathrm{H}_2 = {}_5\mathrm{C}_2 = 10$

$z_1 + z_2 + z_3 + z_4 = 1$를 만족시키는 음이 아닌 정수 z_1, z_2, z_3, z_4의 순서쌍 (z_1, z_2, z_3, z_4)의 개수는 ${}_4\mathrm{H}_1 = {}_4\mathrm{C}_1 = 4$

$u_1 + u_2 + u_3 + u_4 = 1$를 만족시키는 음이 아닌 정수 u_1, u_2, u_3, u_4의 순서쌍 (u_1, u_2, u_3, u_4)의 개수는 ${}_4\mathrm{H}_1 = {}_4\mathrm{C}_1 = 4$

따라서 조건 (가)를 만족시키는 순서쌍의 개수는
$$20 \times 10 \times 4 \times 4 = 3200$$

$a \geq 2$의 여사건을 이용하자.

$a = 1$, 즉 $x_1 = y_1 = z_1 = u_1 = 0$인 순서쌍의 개수는

$x_2 + x_3 + x_4 = 3$, $y_2 + y_3 + y_4 = 2$, $z_2 + z_3 + z_4 = 1$, $u_2 + u_3 + u_4 = 1$에서
$${}_3\mathrm{H}_3 \times {}_3\mathrm{H}_2 \times {}_3\mathrm{H}_1 \times {}_3\mathrm{H}_1 = {}_5\mathrm{C}_3 \times {}_4\mathrm{C}_2 \times {}_3\mathrm{C}_1 \times {}_3\mathrm{C}_1$$
$$= 10 \times 6 \times 3 \times 3 = 540$$

따라서 $\dfrac{3200 - 540}{3200} = \dfrac{2660}{3200} = \dfrac{133}{160}$

그러므로 $p = 160$, $q = 133$

$p + q = 293$

73 정답 481

100보다 작은 두 자리 자연수 중 임의로 서로 다른 두 자연수를 동시에 선택하는 경우의 수는 ${}_{90}\mathrm{C}_2$이다.

이때 합이 100보다 작도록 선택된 두 자연수를 a, b $(a < b)$라 하자.

$a + b \leq 99$이므로 $a + 1 \leq b \leq 99 - a$

이때 a가 정해지면 b를 선택하는 경우의 수는
$(99 - a) - a = 99 - 2a$이다.

$a + 1 \leq 99 - a$에서 $2a \leq 98$이므로 $a \leq 49$이다.

즉 a가 가질 수 있는 최댓값이 49이므로 선택된 두 자연수의 합이 100보다 작을 확률은

$$\frac{\sum_{a=10}^{49} (99 - 2a)}{{}_{90}\mathrm{C}_2} = \frac{1600}{\dfrac{90 \times 89}{2 \times 1}} = \frac{1600}{45 \times 89} = \frac{320}{801}$$

따라서 $p = 801$, $q = 320$

$p - q = 481$

74 정답 ②

주사위를 던져서 6의 약수가 나올 확률은 $\dfrac{2}{3}$이고 아닌 수가 나올 확률은 $\dfrac{1}{3}$이다.

상자 B에 들어 있는 공의 개수가 8번째 시행 후 처음으로 8이 되어야 하므로 7번째 시행 후에는 7, 6번째 시행 후에는 6이어야 한다.

6번째 시행 후에 6이 되기 위해서는 6의 약수인 수와 아닌 수가 각각 3번씩 나와야 하고,

그 전에 B상자의 공이 8이 되는 경우인

첫 번째와 두 번째 모두 6의 약수가 나온 후 나머지 경우에 6의 약수 1번, 아닌 수가 3번 나오는 경우(4가지-2번째 B상자 공의 개수가 8이 됨)와

첫 번째 6의 약수가 나온 뒤 두 번째 6의 약수가 아닌 수가 나오고 그 뒤 세, 네 번째 연속으로 6의 약수가 나오는 경우(1가지-4번째 B상자 공의 개수가 8이 됨)

첫 번째 6의 약수가 아닌 수가 나온 뒤 다음 연속으로 3번 6의 약수가 나오는 경우(1가지-4번째 B상자 공의 개수가 8이 됨)를 제외해야 하므로 구하는 확률은

$$\left\{ ({}_6\mathrm{C}_3 - 6) \times \left(\frac{2}{3}\right)^3 \left(\frac{1}{3}\right)^3 \right\} \times \frac{2}{3} \times \frac{2}{3} = 14 \times \frac{2^5}{3^8} = \frac{448}{3^8}$$이다.

75 정답 8

조건 (가), (나)를 만족시키는 경우는 다음 두 가지 경우 뿐이다.

(i) 홀수 1개, 짝수 4개를 택하는 경우

사용할 홀수 1개를 택하는 경우의 수는 ${}_3\mathrm{C}_1 = 3$

이 각각에 대하여 짝수는 3개 중에서 2개를 택하여 두 번씩 사용해야 하므로 사용할 짝수를 택하는 경우의 수는 ${}_3\mathrm{C}_2 = 3$

이 각각에 대하여 택한 수 5개를 일렬로 나열하는 경우의 수는
$$\frac{5!}{2!2!} = 30$$

따라서 이 경우의 수는
$$3 \times 3 \times 30 = 270$$

(ii) 홀수 3개, 짝수 2개를 택하는 경우

짝수는 1개만 택하여 두 번 사용해야 하므로 사용할 짝수 1개를 택하는 경우의 수는 ${}_3\mathrm{C}_1 = 3$

이 각각에 대하여 택한 수 5개를 일렬로 나열하는 경우의 수는
$$\frac{5!}{2!} = 60$$

따라서 이 경우의 수는
$$3 \times 60 = 180$$

(i), (ii)에 의하여 구하는 확률은
$$P = \frac{270}{180 + 270} = \frac{27}{45} = \frac{3}{5}$$

$p = 5$, $q = 3$이므로

$p + q = 8$

76 정답 651

$f(1)=1$ 즉, 공1이 상자1에 들어갈 확률은

$$\frac{1}{2}\times\frac{1}{2}\times\frac{1}{2}=\frac{1}{8}$$

$f(2)=2$ 즉, 공2가 상자2에 들어갈 확률은

$$\left(\frac{1}{2}\times\frac{1}{2}\times\frac{1}{2}\right)+\left(\frac{1}{2}\times\frac{1}{2}\times\frac{1}{2}\right)+\left(\frac{1}{2}\times\frac{1}{2}\times\frac{1}{2}\right)=\frac{3}{8}$$

$f(3)=3$ 즉, 공3이 상자3에 들어갈 확률은

$$\left(\frac{1}{2}\times\frac{1}{2}\times\frac{1}{2}\right)+\left(\frac{1}{2}\times\frac{1}{2}\times\frac{1}{2}\right)+\left(\frac{1}{2}\times\frac{1}{2}\times\frac{1}{2}\right)=\frac{3}{8}$$

$f(4)=4$ 즉, 공4가 상자4에 들어갈 확률은

$$\frac{1}{2}\times\frac{1}{2}\times\frac{1}{2}=\frac{1}{8}$$

(i) $f(1)=1$, $f(2)=2$, $f(3)\neq 3$, $f(4)\neq 4$일 때,

$$\frac{1}{8}\times\frac{3}{8}\times\frac{5}{8}\times\frac{7}{8}=\frac{105}{2^{12}}$$

(ii) $f(1)=1$, $f(2)\neq 2$, $f(3)=3$, $f(4)\neq 4$일 때,

$$\frac{1}{8}\times\frac{5}{8}\times\frac{3}{8}\times\frac{7}{8}=\frac{105}{2^{12}}$$

(iii) $f(1)=1$, $f(2)\neq 2$, $f(3)\neq 3$, $f(4)=4$일 때,

$$\frac{1}{8}\times\frac{5}{8}\times\frac{5}{8}\times\frac{1}{8}=\frac{25}{2^{12}}$$

(iv) $f(1)\neq 1$, $f(2)=2$, $f(3)=3$, $f(4)\neq 4$일 때,

$$\frac{7}{8}\times\frac{3}{8}\times\frac{3}{8}\times\frac{7}{8}=\frac{441}{2^{12}}$$

(v) $f(1)\neq 1$, $f(2)=2$, $f(3)\neq 3$, $f(4)=4$일 때,

$$\frac{7}{8}\times\frac{3}{8}\times\frac{5}{8}\times\frac{1}{8}=\frac{105}{2^{12}}$$

(vi) $f(1)\neq 1$, $f(2)\neq 2$, $f(3)=3$, $f(4)=4$일 때,

$$\frac{7}{8}\times\frac{5}{8}\times\frac{3}{8}\times\frac{1}{8}=\frac{105}{2^{12}}$$

(i)~(vi)

$$\frac{q}{p}=\frac{105+105+25}{105+105+25+441+105+105}$$

$$=\frac{235}{886}$$

따라서 $p-q=886-235=651$

77 정답 23

우선 $f(1)=2, f(1)=3$이므로, $f(1)=2$인 경우에서 함수 f의
함수의 개수를 구하면, 3^3임을 알 수 있다.
$f(1)=3$인 경우도 마찬가지이므로, $f(1)\geq 2$인 함수의
f개수는 54이다.
또한 $g(1)=2, g(1)=3$이므로, $g(1)=2$인 경우에서 함수 g의
함수의 개수를 구하면 4^3이므로, $g(1)=2, 3$인 함수의 g의
개수는 128임을 알 수 있다.
한편, $n(C\cap D)\leq 2$인 경우는 조건을 만족하는 함수에서
$n(C\cap D)=3$인 경우를 빼는 경우이므로 여사건으로 해결하자.
$n(C\cap D)=3$인 경우는 $C=\{1,2,3\}$, $D=\{1,2,3\}$이므로,
$f(1)=2$에서 함수 f의 치역이 B가 되려면, $f(2),f(3),f(4)$가

$\{1,3\}$의 공역에 대응하는 함수의 개수 2^3에서 모두 1또는
3으로 가는 경우 2가지를 제외하면 6가지이다.
또한, $\{2\}$에 대응하는 $f(2),f(3),f(4)$의 원소 중에서 하나를
선정한 후 3가지에서, $f(2)=2$로 가면 나머지 $f(3),f(4)$는
$\{1,3\}$에 대응하는 함수에서 $f(3),f(4)$가 모조리 1 또는 3으로
대응하는 경우의 수를 제외하면 2^2-2임을 알 수 있다.
따라서 $\{2^3-2+3(2^2-2)\}$이며 $f(1)=3$인 상황과 같으므로
$2\times\{2^3-2+3(2^2-2)\}$ 임을 알 수 있다.
이제 함수 g의 상황을 생각하도록 하자.
$g(1)=2$의 경우에서 $g(2),g(3),g(4)$ 치역 $\{1,2,3\}$에
대응하는 경우는 위의 상황과 같으므로,
$\{2^3-2+3(2^2-2)\}$이며, $g(1)=3$인 상황과 같으므로
$2\times\{2^3-2+3(2^2-2)\}$임을 알 수 있다.
따라서

$$1-\frac{2\times\{2^3-2+3(2^2-2)\}\times 2\times\{2^3-2+3(2^2-2)\}}{(2\times 3^3)\times(2\times 4^3)}$$

$$=1-\frac{2\times(6+6)\times 2\times(6+6)}{27\times 2^8}$$

$$=1-\frac{3^2\times 2^6}{3^3\times 2^8}$$

$$=1-\frac{1}{3\times 4}$$

$$=\frac{11}{12}$$

이므로 $p=12$, $q=11$이다.

$$\therefore\ p+q=23$$

78 정답 ⑤

A를 기준으로 공의 개수가 바뀔 때는 A, B중 한 명이 앞면,
다른 한 명이 뒷면이 나와야 하므로 확률이 $\frac{1}{4}$이고 공의 개수가
바뀌지 않을 때는 둘 다 앞면이 나오거나 뒷면이 나올 때이므로
확률이 $\frac{1}{2}$이다.

공의 개수는 5회 시행을 0, 3회 시행을 1 또는 2로 적어둔 뒤
거꾸로 파악하는 게 좋다.
1회 시행 후 A의 공의 개수는 2 또는 3 또는 4이므로

A의 공의 개수	1	2	3	4	5
(1)	2	1	1	1	0
(2)	2	1	2	1	0
(3)	2	2	1	1	0
(4)	2	2	2	1	0
(5)	2	3	2	1	0
(6)	3	3	3	1	0
(7)	3	2	2	1	0
(8)	3	2	1	1	0
(9)	4	3	2	1	0
확률	$6\times\left(\frac{1}{4}\right)^3\times\left(\frac{1}{2}\right)^2+3\times\left(\frac{1}{4}\right)^5=\frac{24+3}{2^{10}}=\frac{27}{1024}$				

따라서 (1)~(9)에서
총 다섯 번의 시행에서 공의 개수가 바뀜과 그대로의 횟수는
다음과 같다.

(1)은 바뀜 3, 그대로 2

(2)은 바뀜 5, 그대로 0

(3)은 바뀜 3, 그대로 2

(4)은 바뀜 3, 그대로 2

(5)은 바뀜 5, 그대로 0

(6)은 바뀜 3, 그대로 2

(7)은 바뀜 3, 그대로 2

(8)은 바뀜 3, 그대로 2

(9)은 바뀜 5, 그대로 0

이다. 따라서

$$6 \times \left(\frac{1}{4}\right)^3 \times \left(\frac{1}{2}\right)^2 + 3 \times \left(\frac{1}{4}\right)^5 = \frac{24+3}{2^{10}} = \frac{27}{1024}$$

[다른 풀이]–서영만T

1회의 시행에서 A가 공을 하나 주는 경우를 a,

1회의 시행에서 A의 공이 그대로인 경우를 b,

1회의 시행에서 A가 공을 하나 받는 경우를 c라 하면

$\mathrm{P}\,(a) = \frac{1}{4}$, $\mathrm{P}\,(b) = \frac{1}{2}$, $\mathrm{P}\,(c) = \frac{1}{4}$ 이다.

5회 시행 후 A가 가진 공이 없어야 하므로 5회째는 a로 고정한
후 생각한다.

(i) A가 4번은 주고 1번은 받는 경우

$$\Rightarrow 3 \times \left(\frac{1}{4}\right)^4 \left(\frac{1}{4}\right)^1 = \frac{3}{1024}$$

1회	2회	3회	4회	5회
a	a	c	a	a
a	c	a	a	a
c	a	a	a	a

(ii) A가 3번은 주고 2번은 그대로인 경우

$$\Rightarrow \frac{4!}{2!2!} \times \left(\frac{1}{2}\right)^2 \left(\frac{1}{4}\right)^3 = \frac{24}{1024}$$

1회	2회	3회	4회	5회
				a
a,a,b,b자리 바꾸는 경우				a
				a

(i), (ii)에서 구하는 경우의 수는 $\frac{27}{1024}$ 이다.

79 정답 ③

주사위를 5번 던졌을 때 이 시행이 끝나는 사건을 A 라 하고,
상자에 구슬이 없어서 시행이 끝나는 사건을 B 라 하면 구하는
확률은 $\mathrm{P}\,(B \mid A)$ 이다.

(i) 주사위를 5번 던졌을 때 상자에 구슬이 6개일 확률

　　1개→2개 → 3개 → 4개 → 5개 → 6개일 확률 :

$$\frac{5}{6} \times \frac{4}{6} \times \frac{3}{6} \times \frac{2}{6} \times \frac{1}{6} = \frac{120}{6^5}$$

주사위를 5번 던졌을 때 상자에 구슬이 6개일 확률은 $\frac{120}{6^5}$

$$\therefore \mathrm{P}\,(A \cap B^c) = \frac{120}{6^5}$$

(ii) 주사위를 5번 던졌을 때 상자에 구슬이 없을 확률

㉠ 1개→2개 → 3개 → 2개 → 1개 → 0개일 확률 :

$$\frac{5}{6} \times \frac{4}{6} \times \frac{3}{6} \times \frac{2}{6} \times \frac{1}{6} = \frac{120}{6^5}$$

㉡ 1개→2개 → 1개 → 2개 → 1개 → 0개일 확률 :

$$\frac{5}{6} \times \frac{2}{6} \times \frac{5}{6} \times \frac{2}{6} \times \frac{1}{6} = \frac{100}{6^5}$$

㉠, ㉡에서 주사위를 5번 던졌을 때 상자에 구슬이 없을 확률은

$$\frac{220}{6^5}$$

$$\therefore \mathrm{P}\,(A \cap B) = \frac{220}{6^5}$$

(i), (ii)에서

$$\mathrm{P}\,(A) = \mathrm{P}\,(A \cap B^c) + \mathrm{P}\,(A \cap B) = \frac{120+220}{6^5} = \frac{340}{6^5}$$

이므로 구하는 확률은

$$\mathrm{P}\,(B \mid A) = \frac{\mathrm{P}\,(A \cap B)}{\mathrm{P}\,(A)} = \frac{\frac{220}{6^5}}{\frac{340}{6^5}} = \frac{220}{340} = \frac{11}{17}$$

80 정답 ②

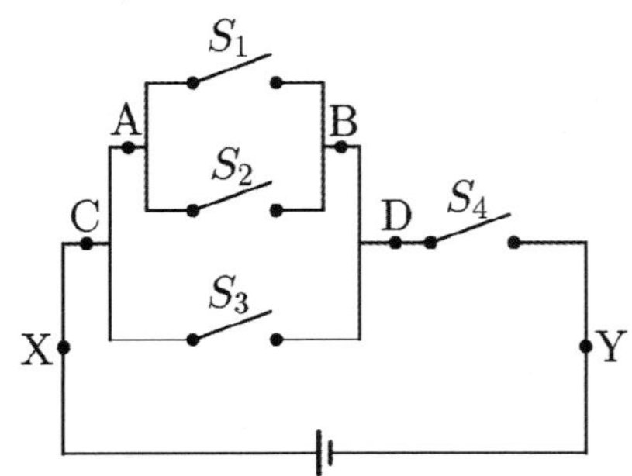

X 지점에서 Y 지점으로 전류가 흐르려면 C 지점에서 D 지점으로
전류가 흐르고 S_4는 닫혀야 한다.

A 지점에서 B 지점으로 전류가 흐를 확률은 $1 - \frac{2}{3} \times \frac{2}{3} = \frac{5}{9}$

우선 S_4는 닫혀 있다.

A에서 B로 전류가 흐르고 S_3는 닫히지 않을 확률을 P_1라 하면

$$\mathrm{P}_1 = \frac{5}{9} \times \frac{2}{3} \times \frac{1}{3} = \frac{10}{81}$$

A 지점에서 B 지점으로 전류가 흐르고 S_3도 닫혀 있을 확률을
P_2라 하면

$$P_2 = \frac{5}{9} \times \frac{1}{3} \times \frac{1}{3} = \frac{5}{81}$$

A지점에서 B지점으로 전류가 흐르지 않고 S_3는 닫혀 있을

확률을 P_3라 하면 $P_3 = \frac{4}{9} \times \frac{1}{3} \times \frac{1}{3} = \frac{4}{81}$

따라서

X지점에서 Y지점으로 전류가 흘렀을 때, S_3가 닫히지 않았을

확률을 P라 하면

$$P = \frac{P_1}{P_1 + P_2 + P_3} = \frac{10}{10+5+4} = \frac{10}{19}$$

81 정답 379

갑과 을이 서로 다른 네 주머니에서 공을 각각 한 개씩 꺼내는

경우의 수는 $4^4 \times 3^4$이다.

$a_i \neq b_i$인 i $(i=1,2,3,4)$이 존재하는 사건을 A라 하면 사건

A^C는 $a_i = b_i$ $(i=1,2,3,4)$인 사건이다.

즉, $a_1 = b_1$, $a_2 = b_2$, $a_3 = b_3$, $a_4 = b_4$

서로 다른 네 주머니에는 1, 2, 3, 4가 적힌 공이 1개씩

있으므로 갑과 을이 꺼낸 4개의 공에 적힌 숫자를 크기순으로

배열할 때 사건 A^C이 일어나려면 갑이 꺼낸 4개의 공에 적힌

숫자는 모두 다르거나 $(a_1 < a_2 < a_3 < a_4)$ 같은 것이 한 쌍

$\{(a_1 = a_2 < a_3 < a_4)$ 또는 $(a_1 < a_2 = a_3 < a_4)$ 또는

$(a_1 < a_2 < a_3 = a_4)\}$일 때 또는 같은 것이 두 쌍일 때

$(a_1 = a_2 < a_3 = a_4)$다.

(i) $a_1 < a_2 < a_3 < a_4$

서로 다른 네 수 1, 2, 3, 4에서 크기 순으로 정하는 경우의

수는 $_4C_4$로 1가지이다.

갑이 꺼내는 순서를 정하는 방법은 $4! = 24$

갑이 꺼낸 공이 1인 주머니를 주머니1

갑이 꺼낸 공이 2인 주머니를 주머니2

갑이 꺼낸 공이 3인 주머니를 주머니3

갑이 꺼낸 공이 4인 주머니를 주머니4

라고 할 때, 을이 각 주머니1~주머니4에서는 주머니의 번호가

적힌 수를 꺼낼 수 없으므로 경우의 수를 수형도를 찾아보면

9가지 이다. (완전순열 !4) [랑데뷰세미나(186) 참고]

따라서 경우의 수는 $1 \times 24 \times 9 = 216$

(ii) $\left(a_1 = a_2 < a_3 < a_4\right)$ 또는 $\left(a_1 < a_2 = a_3 < a_4\right)$ 또는

$\left(a_1 < a_2 < a_3 = a_4\right)$일 때

서로 다른 네 수 1, 2, 3, 4에서 사용되는 수가 3개를 정하는

경우의 수는 $4\left(_4C_3\right)$이고 그 중 같은 쌍으로 사용될 수를 정하는

경우의 수는 $3\left(_3C_1\right)$이다.

예를 들어 1, 1, 2, 3일 때

갑이 꺼내는 순서를 정하는 방법은 $\frac{4!}{2!} = 12$이다.

그 뒤 을이 꺼내는 방법은 2이다.

따라서 경우의 수는 $4 \times 3 \times 12 \times 2 = 288$

(iii) $a_1 = a_2 < a_3 = a_4$인 경우

서로 다른 네 수 1, 2, 3, 4에서 같은 쌍 두 개$(a_1 = a_2, a_3 = a_4)$

정하는 경우의 수는 $_4C_2$로 6가지이다.

갑이 꺼내는 순서를 정하는 방법은

예를 들어 1, 1, 3, 3일 때, $\frac{4!}{2!2!} = 6$

갑이 정한 수에 맞춰 을이 정할 수 있는 방법은 1가지이다.

따라서 경우의 수는 $6 \times 6 \times 1 = 36$

(i), (ii), (iii)에서

$n\left(A^C\right) = 216 + 288 + 36 = 540$

$\therefore P\left(A^C\right) = \frac{540}{4^4 \times 3^4} = \frac{5}{192}$

따라서 $P(A) = 1 - \frac{5}{192} = \frac{187}{192}$

그러므로 $p = 192$, $q = 187$

$p + q = 379$

82 정답 783

꺼낸 빨간색 공의 개수를 x, 파란색 공의 개수를 y, 노란색 공의

개수를 z라 할 때, 얻은 점수의 합이 20점 이상인 사람이

A뿐이기 위해서는 x, y, z가 다음 조건을 만족시켜야 한다.

$$x = 5, \quad 0 \leq y < 4, \quad 2 \leq z \leq 3$$

(1) $(x, y, z) = (4, 2, 3)$인 경우

$A = 4 \times 3 + 2 \times 1 + 3 \times 2 = 20$

$C = 4 \times 1 + 2 \times 2 + 3 \times 4 = 20$

이므로 조건을 만족하지 못한다.

(2) $(x, y, z) = (5, 0, 2)$인 경우

$A = 5 \times 3 + 0 \times 1 + 2 \times 2 = 19$

조건을 만족하지 못한다.

(3) $(x, y, z) = (5, 2, 1)$인 경우

$A = 5 \times 3 + 2 \times 1 + 1 \times 2 = 19$

조건을 만족하지 못한다.

따라서 이 조건을 만족시키는 순서쌍 (x, y, z)는

$(5, 0, 3)$, $(5, 1, 2)$, $(5, 1, 3)$, $(5, 2, 2)$

뿐이다.

(i) $(x, y, z) = (5, 0, 3)$인 경우

$A = 5 \times 3 + 0 \times 1 + 3 \times 2 = 21$

$B = 5 \times 2 + 0 \times 3 + 3 \times 1 = 13$

$C = 5 \times 1 + 0 \times 2 + 3 \times 4 = 17$

로 조건을 만족한다.

확률은 $\dfrac{_5C_5 \times {_4}C_0 \times {_3}C_3}{_{12}C_8} = \dfrac{1}{495}$

(ii) $(x, y, z) = (5, 1, 2)$인 경우

$A = 5 \times 3 + 1 \times 1 + 2 \times 2 = 20$

$B = 5 \times 2 + 1 \times 3 + 2 \times 1 = 15$

$C = 5 \times 1 + 1 \times 2 + 2 \times 4 = 15$

로 조건을 만족한다.

확률은 $\dfrac{{}_5\mathrm{C}_5 \times {}_4\mathrm{C}_1 \times {}_3\mathrm{C}_2}{{}_{12}\mathrm{C}_8} = \dfrac{12}{495} = \dfrac{4}{165}$

(iii) $(x, y, z) = (5, 1, 3)$인 경우

$A = 5 \times 3 + 1 \times 1 + 3 \times 2 = 22$

$B = 5 \times 2 + 1 \times 3 + 3 \times 1 = 16$

$C = 5 \times 1 + 1 \times 2 + 3 \times 4 = 19$

로 조건을 만족한다.

확률은 $\dfrac{{}_5\mathrm{C}_5 \times {}_4\mathrm{C}_1 \times {}_3\mathrm{C}_3}{{}_{12}\mathrm{C}_9} = \dfrac{4}{220} = \dfrac{1}{55}$

(iv) $(x, y, z) = (5, 2, 2)$인 경우

$A = 5 \times 3 + 2 \times 1 + 2 \times 2 = 21$

$B = 5 \times 2 + 2 \times 3 + 2 \times 1 = 18$

$C = 5 \times 1 + 2 \times 2 + 2 \times 4 = 17$

로 조건을 만족한다.

이때 확률은

㉠ $(x, y, z) = (4, 2, 2)$가 된 후 9번째에 남은 4개의 공 중 빨간색 공이 나오면 되므로

확률은 $\dfrac{{}_5\mathrm{C}_4 \times {}_4\mathrm{C}_2 \times {}_3\mathrm{C}_2}{{}_{12}\mathrm{C}_8} \times \dfrac{1}{4} = \dfrac{1}{22}$이다.

㉡ $(x, y, z) = (5, 2, 1)$가 된 후 9번째에 남은 4개의 공 중 노란색 공이 나오면 되므로

확률은 $\dfrac{{}_5\mathrm{C}_5 \times {}_4\mathrm{C}_2 \times {}_3\mathrm{C}_1}{{}_{12}\mathrm{C}_8} \times \dfrac{2}{4} = \dfrac{1}{55}$이다.

따라서 $\dfrac{1}{22} + \dfrac{1}{55} = \dfrac{7}{110}$

그러므로 (i)~(iv)에서

$\dfrac{1}{495} + \dfrac{4}{165} + \dfrac{1}{55} + \dfrac{7}{110}$

$= \dfrac{1}{495} + \dfrac{12}{495} + \dfrac{2}{110} + \dfrac{7}{110}$

$= \dfrac{13}{495} + \dfrac{9}{110}$

$= \dfrac{26}{990} + \dfrac{81}{990} = \dfrac{107}{990}$

$p = 990$, $q = 107$이므로 $p - q = 783$

[랑데뷰팁]

(iv)의 상황에서 파란색 공 1개가 추가되면 B의 점수가 $+3$이 되어 20점을 넘게 되고 노란색 공 1개가 추가 되면 C의 점수가 $+4$가 되어 20점을 넘게 된다.

[다른 풀이]

(iv)에서 $(x, y, z) = (5, 2, 2)$가 되는 전체 확률에서 (ii)의 $(5, 1, 2)$가 된 후 9번째에 남은 4개의 공 중 노란색 공이 나와서 $(5, 2, 2)$가 되는 확률을 빼면 된다.

$\Rightarrow \dfrac{{}_5\mathrm{C}_5 \times {}_4\mathrm{C}_2 \times {}_3\mathrm{C}_2}{{}_{12}\mathrm{C}_9} - \dfrac{{}_5\mathrm{C}_5 \times {}_4\mathrm{C}_1 \times {}_3\mathrm{C}_2}{{}_{12}\mathrm{C}_8} \times \dfrac{1}{4} = \dfrac{7}{110}$

83 정답 ①

처음 꺼낸 공에 적힌 수를 X_1, 두 번째 꺼낸 공에 적힌 수를 X_2라 하고 구하는 확률을 p라 하자.

1부터 10까지의 자연수 n에 대하여 $X_1 = n$인 사건을 A_n이라 하고, $X_2 \geq n+1$인 사건을 B_n이라 하자.

$\mathrm{P}(A_n) = \dfrac{1}{10}$, $\mathrm{P}(B_n \mid A_n) = \dfrac{10 - n}{9}$

$p = \displaystyle\sum_{n=1}^{10} \mathrm{P}(A_n \cap B_n) = \sum_{n=1}^{10} \mathrm{P}(A_n) \times \mathrm{P}(B_n \mid A_n)$

$= \displaystyle\sum_{n=1}^{10} \dfrac{1}{10} \times \dfrac{10 - n}{9} = \dfrac{1}{90} \sum_{n=1}^{10} (10 - n) = \dfrac{45}{90} = \dfrac{1}{2}$

[다른 풀이]–이지훈T

전체 경우의 수는 ${}_{10}\mathrm{P}_2 = 10 \times 9 = 90$ 개다.

처음 꺼낸 공에 적힌 수를 a, 두 번째 꺼낸 공에 적힌 수를 b라 하면

$a < b$인 경우를 확인하자.

(i) $a = 1$이면 $b = 2, 3, 4, \cdots, 10 \Rightarrow$ 9개

(ii) $a = 2$이면 $b = 3, 4, 5, \cdots, 10 \Rightarrow$ 8개

(iii) $a = 3$이면 $b = 4, 5, 6, \cdots, 10 \Rightarrow$ 7개

$\qquad\qquad \vdots$

(iv) $a = 9$이면 $b = 10 \qquad \Rightarrow$ 1개

따라서, $a < b$인 경우의 수는 $9 + 8 + 7 + \cdots + 1 = 45$ 개다.

두 번째 꺼낸 공에 적힌 수가 처음 꺼낸 공에 적힌 수보다 큰 수일 확률은 $\dfrac{45}{90} = \dfrac{1}{2}$ 이다.

[다른 풀이]2–장세완T

첫 번째꺼내는 공에 적혀있는 수를 X라 하고 두 번째꺼내는 공에 적혀있는 수를 Y라 하면

$\mathrm{P}(X > Y) + \mathrm{P}(X < Y) + \mathrm{P}(X = Y) = 1$

꺼낸공을 다시 넣지 않으므로

$\mathrm{P}(X = Y) = 0$

이고

$\mathrm{P}(X > Y) = \mathrm{P}(X < Y)$이므로

$\mathrm{P}(X > Y) = \mathrm{P}(X < Y) = \dfrac{1}{2}$

즉,

$\mathrm{P}(X < Y) = \dfrac{1}{2}$

84 정답 ④

주사위를 던질 때 6이 나올 확률은 $\dfrac{1}{6}$이고 6이 나오지 않을 확률은 $\dfrac{5}{6}$이다.

따라서 세 명 모두 연속으로 6이 나오지 않을 확률은 $\left(\dfrac{5}{6}\right)^3$이다.

$p = \left(\dfrac{5}{6}\right)^3$ 라 할 때,

① 예지가 첫 번째 시행에서 6이 나올 확률 → $\dfrac{1}{6}$

② 예지가 두 번째 시행에서 6이 나올 확률 → $\dfrac{1}{6}p$

③ 예지가 세 번째 시행에서 6이 나올 확률 → $\dfrac{1}{6}p^2$

④ 예지가 네 번째 시행에서 6이 나올 확률 → $\dfrac{1}{6}p^3$

⑤ 예지가 다섯 번째 시행에서 6이 나올 확률 → $\dfrac{1}{6}p^4$

⑥ 예지가 여섯 번째 시행에서 6이 나올 확률 → $\dfrac{1}{6}p^5$

그러므로
예지가 가장 먼저 6이 나올 확률은

$$① + \cdots + ⑥ = \frac{\frac{1}{6}(1-p^6)}{1-p}$$

예지가 가장 먼저 6이 나오고 주사위를 4회 이상 던졌을 확률은

$$④ + ⑤ + ⑥ = \frac{\frac{1}{6}p^3(1-p^6)}{1-p}$$

따라서
예지가 가장 먼저 6이 나왔을 때, 예지가 주사위를 4회 이상 던졌을 확률은

$$\frac{\dfrac{\frac{1}{6}p^3(1-p^3)}{1-p}}{\dfrac{\frac{1}{6}(1-p^6)}{1-p}} = \frac{p^3(1-p^3)}{(1+p^3)(1-p^3)} = \frac{p^3}{1+p^3} = \frac{\left(\frac{5}{6}\right)^9}{1+\left(\frac{5}{6}\right)^9}$$

[다른 풀이]–장정보T
주어진 확률을 구하기 위해 표를 구성해보면 다음과 같다.
(O는 6이 나오는 사건이고, X는 6 이외 다른 숫자가 나오는
사건이다.)

	예지	채연	가은	
1	O			$\dfrac{1}{6}$

	예지	채연	가은	
1	X	X	X	$\left(\dfrac{5}{6}\right)^3\left(\dfrac{1}{6}\right)$
2	O			

	예지	채연	가은	
1	X	X	X	$\left(\dfrac{5}{6}\right)^6\left(\dfrac{1}{6}\right)$
2	X	X	X	
3	O			

	예지	채연	가은	
1	X	X	X	$\left(\dfrac{5}{6}\right)^9\left(\dfrac{1}{6}\right)$
2	X	X	X	
3	X	X	X	
4	O			

	예지	채연	가은	
1	X	X	X	$\left(\dfrac{5}{6}\right)^{12}\left(\dfrac{1}{6}\right)$
2	X	X	X	
3	X	X	X	
4	X	X	X	
5	O			

	예지	채연	가은	
1	X	X	X	$\left(\dfrac{5}{6}\right)^{15}\left(\dfrac{1}{6}\right)$
2	X	X	X	
3	X	X	X	
4	X	X	X	
5	X	X	X	
6	O			

주어진 표를 이용하여, 예지가 당첨될 확률을 구해보면,

$$\left(\frac{1}{6}\right) + \left(\frac{5}{6}\right)^3\left(\frac{1}{6}\right) + \left(\frac{5}{6}\right)^6\left(\frac{1}{6}\right) + \left(\frac{5}{6}\right)^9\left(\frac{1}{6}\right) + \left(\frac{5}{6}\right)^{12}\left(\frac{1}{6}\right) + \left(\frac{5}{6}\right)^{15}\left(\frac{1}{6}\right)$$

이고,
예지가 4회 이상 시행에서 당첨될 확률은 각각,

$$\left(\frac{5}{6}\right)^9\left(\frac{1}{6}\right) + \left(\frac{5}{6}\right)^{12}\left(\frac{1}{6}\right) + \left(\frac{5}{6}\right)^{15}\left(\frac{1}{6}\right)$$ 이므로

주어진 문제의 확률은,

$$\frac{\left(\frac{5}{6}\right)^9\left(\frac{1}{6}\right) + \left(\frac{5}{6}\right)^{12}\left(\frac{1}{6}\right) + \left(\frac{5}{6}\right)^{15}\left(\frac{1}{6}\right)}{\left(\frac{1}{6}\right) + \left(\frac{5}{6}\right)^3\left(\frac{1}{6}\right) + \left(\frac{5}{6}\right)^6\left(\frac{1}{6}\right) + \left(\frac{5}{6}\right)^9\left(\frac{1}{6}\right) + \left(\frac{5}{6}\right)^{12}\left(\frac{1}{6}\right) + \left(\frac{5}{6}\right)^{15}\left(\frac{1}{6}\right)}$$

$$= \frac{\left(\frac{5}{6}\right)^9 + \left(\frac{5}{6}\right)^{12} + \left(\frac{5}{6}\right)^{15}}{1 + \left(\frac{5}{6}\right)^3 + \left(\frac{5}{6}\right)^6 + \left(\frac{5}{6}\right)^9 + \left(\frac{5}{6}\right)^{12} + \left(\frac{5}{6}\right)^{15}}$$

$$= \frac{\left(\frac{5}{6}\right)^9\left\{1 + \left(\frac{5}{6}\right)^3 + \left(\frac{5}{6}\right)^6\right\}}{\left\{1 + \left(\frac{5}{6}\right)^3 + \left(\frac{5}{6}\right)^6\right\} + \left(\frac{5}{6}\right)^9\left\{1 + \left(\frac{5}{6}\right)^3 + \left(\frac{5}{6}\right)^6\right\}}$$

$$= \frac{\left(\frac{5}{6}\right)^9}{1 + \left(\frac{5}{6}\right)^9}$$ 이다.

85 정답 97

(1) 주사위에서 1, 2 중 하나가 나오고 같은 것이 1쌍일 확률

$$\frac{2}{6} \times \frac{2}{{}_8\mathrm{C}_2} = \frac{1}{42}$$

(2) 주사위에서 3, 4, 5, 6 중 하나가 나오고 같은 것이 1쌍일 확률

4개를 꺼낼 때, 3은 같은 것이 나오고 4는 같은 것이 나오지 않는 사건 : $_6C_2 - 1$

4개를 꺼낼 때, 4는 같은 것이 나오고 3은 같은 것이 나오지 않는 사건 : $_6C_2 - 1$

$$\frac{4}{6} \times \frac{(_6C_2 - 1) + (_6C_2 - 1)}{_8C_4} = \frac{4}{15}$$

(3) 주사위에서 3, 4, 5, 6 중 하나가 나오고 같은 것이 2쌍일 확률

$$\frac{4}{6} \times \frac{1}{_8C_4} = \frac{1}{105}$$

(1), (2), (3) 중에서 검은 공이 2개일 확률은

(1)에서 검은 공이 2개일 확률은 0

(2)에서 검은 공이 2개일 확률은

3또는 4를 2개 꺼냈으므로 2개중 하나는 반드시 검은색이다. 그러므로 나머지에서 검은색 하나와 흰색 하나를 꺼내면서 두 개가 같은 숫자가 아니면 되므로

$$\frac{4}{6} \times \frac{(_3C_1 \times _3C_1 - 1) + (_3C_1 \times _3C_1 - 1)}{_8C_4} = \frac{16}{105}$$

(3)에서 항상 검은공이 2개 이므로 검은 공이 2개일 확률

$$\frac{4}{6} \times \frac{1}{_8C_4} = \frac{1}{105}$$

그러므로 확률 P는

$$\frac{\dfrac{16}{105} + \dfrac{1}{105}}{\dfrac{1}{42} + \dfrac{4}{15} + \dfrac{1}{105}} = \frac{\dfrac{16}{105} + \dfrac{1}{105}}{\dfrac{1}{42} + \dfrac{28}{105} + \dfrac{1}{105}}$$

$$= \frac{238}{441} = \frac{34}{63}$$

$p = 63$, $q = 34$이므로 $p + q = 97$

86 정답 6

짝수가 나오는 사건을 A, V표시가 나오는 사건을 B 라 하자.

$k = 1$일 때

$$P(B \mid A) = \frac{P(B \cap A)}{P(A)} = \frac{\dfrac{0}{6}}{\dfrac{3}{6}} = 0, \quad P(B) = \frac{1}{6}$$

$k = 2$일 때

$$P(B \mid A) = \frac{P(B \cap A)}{P(A)} = \frac{\dfrac{1}{6}}{\dfrac{3}{6}} = \frac{1}{3}, \quad P(B) = \frac{2}{6} = \frac{1}{3}$$

$k = 3$일 때

$$P(B \mid A) = \frac{P(B \cap A)}{P(A)} = \frac{\dfrac{1}{6}}{\dfrac{3}{6}} = \frac{1}{3}, \quad P(B) = \frac{3}{6} = \frac{1}{2}$$

$k = 4$일 때

$$P(B \mid A) = \frac{P(B \cap A)}{P(A)} = \frac{\dfrac{2}{6}}{\dfrac{3}{6}} = \frac{2}{3}, \quad P(B) = \frac{4}{6} = \frac{2}{3}$$

$k = 5$일 때

$$P(B \mid A) = \frac{P(B \cap A)}{P(A)} = \frac{\dfrac{2}{6}}{\dfrac{3}{6}} = \frac{2}{3}, \quad P(B) = \frac{5}{6}$$

A, B가 독립일 때, $P(B \mid A) = P(B)$이므로 $k = 2$ 또는 $k = 4$일 때이다.

따라서 가능한 모든 k의 합은 6이다.

87 정답 ④

(i) 주사위 A를 던져 나온 수가 2일 확률은 $\dfrac{1}{6}$

주사위 B를 두 번 던져 나온 수를 a, b $(a \geq b)$라 하자.

$a + b = 9$이고

(a, b)의 순서쌍은 $(6, 3)$, $(5, 4)$이다.

그러므로

$$\frac{1}{6} \times \left(\frac{2! + 2!}{6^2} \right) = \frac{4}{216} = \frac{1}{54}$$

(ii) 주사위 A를 던져 나온 수가 3일 확률은 $\dfrac{2}{6} = \dfrac{1}{3}$

주사위 B를 세 번 던져 나온 수를 a, b, c $(a \geq b \geq c)$라 하자.

$a + b + c = 9$이고

㉠ $a = 6$일 때, (b, c)의 순서쌍은 $(2, 1)$

따라서 $(6, 2, 1)$

㉡ $a = 5$일 때, (b, c)의 순서쌍은 $(3, 1)$, $(2, 2)$

따라서 $(5, 3, 1)$, $(5, 2, 2)$

㉢ $a = 4$일 때, (b, c)의 순서쌍은 $(4, 1)$, $(3, 2)$

따라서 $(4, 4, 1)$, $(4, 3, 2)$

㉣ $a = 3$일 때, (b, c)의 순서쌍은 $(3, 3)$

따라서 $(3, 3, 3)$

그러므로

$$\frac{1}{3} \times \left(\frac{3! + 3! + \dfrac{3!}{2!} + \dfrac{3!}{2!} + 3! + \dfrac{3!}{3!}}{6^3} \right)$$

$$= \frac{1}{3} \times \frac{6 + 6 + 3 + 3 + 6 + 1}{216}$$

$$= \frac{1}{3} \times \frac{25}{216} = \frac{25}{648}$$

(iii) 주사위 A를 던져 나온 수가 4일 확률은 $\dfrac{3}{6} = \dfrac{1}{2}$

주사위 B를 네 번 던져 나온 수를 a, b, c, d $(a \geq b \geq c \geq d)$라 하자.

$a + b + c + d = 9$이고

㉠ $a = 6$일 때, (b, c, d)의 순서쌍은 $(1, 1, 1)$

따라서 $(6, 1, 1, 1)$
ⓛ $a=5$일 때, (b, c, d)의 순서쌍은 $(2, 1, 1)$,
따라서 $(5, 2, 1, 1)$
ⓒ $a=4$일 때, (b, c, d)의 순서쌍은 $(3, 1, 1)$, $(2, 2, 1)$
따라서 $(4, 3, 1, 1)$, $(4, 2, 2, 1)$
ⓔ $a=3$일 때, (b, c, d)의 순서쌍은 $(3, 2, 1)$, $(2, 2, 2)$
따라서 $(3, 3, 2, 1)$, $(3, 2, 2, 2)$

그러므로
$$\frac{1}{2} \times \left(\frac{\frac{4!}{3!} + \frac{4!}{2!} + \frac{4!}{2!} + \frac{4!}{2!} + \frac{4!}{2!} + \frac{4!}{3!}}{6^4} \right)$$
$$= \frac{1}{2} \times \frac{4+12+12+12+12+4}{6^4}$$
$$= \frac{1}{2} \times \frac{56}{6^4} = \frac{7}{324}$$

(i), (ii), (iii)에서
$$\frac{1}{54} + \frac{25}{648} + \frac{7}{324}$$
$$= \frac{12+25+14}{648} = \frac{51}{648} = \frac{17}{216}$$

[다른 풀이]―장세완T

(i) 주사위 A를 던져 2가 나올때
주사위 B를 2번 던진다. 번 던져서 합이 9
$a+b=9$
$(3, 6)$, $(4, 5)$, $(5, 4)$, $(6, 3)$
$$\frac{1}{6} \times \frac{4}{6^4} = \frac{1}{54}$$

(ii) 주사위 A를 던져 3이 나올때
주사위 B를 세번 던져서 합이 9
$a+b+c=9$의 자연수 근중에서
7포함하는 것 제외
$${}_3H_6 - 3 = 25$$
$$\frac{1}{3} \times \frac{25}{6^3} = \frac{25}{648}$$

(iii) 주사위 A를 던져 4가 나올때
주사위 B를 네번 던져서 합이 9
$a+b+c+d=9$의 자연수 근
$${}_4H_5 - 3 = 56$$
$$\frac{1}{2} \times \frac{56}{6^4} = \frac{7}{324}$$

(i), (ii), (iii)에서
$$\frac{1}{54} + \frac{25}{648} + \frac{7}{324} = \frac{17}{216}$$

88 정답 300

임의의 n에 대하여 2, 3, 6의 배수인 사건을 각각
A, B, $A \cap B$라 하면

$n(A) = \left[\frac{n}{2} \right]$, $n(B) = \left[\frac{n}{3} \right]$, $n(A \cap B) = \left[\frac{n}{6} \right]$이다. (단,
$[x]$는 x보다 크지 않은 최대 정수이다.)
n이 세 자리수인 짝수이므로 $6k$, $6k+2$, $6k+4$로 나눠서
생각하자.

(i) $n=6k$
$n(A) = \left[\frac{6k}{2} \right] = 3k$, $n(B) = \left[\frac{6k}{3} \right] = 2k$,
$n(A \cap B) = \left[\frac{6k}{6} \right] = k$
이므로 $P(A) \times P(B) = \frac{3k}{6k} \times \frac{2k}{6k} = \frac{k}{6k} = P(A \cap B)$이므로 두
사건 A, B는 서로 독립이다.

(ii) $n=6k+2$
$n(A) = \left[\frac{6k+2}{2} \right] = 3k+1$, $n(B) = \left[\frac{6k+2}{3} \right] = 2k$,
$n(A \cap B) = \left[\frac{6k+2}{6} \right] = k$이므로
$P(A) \times P(B) = \frac{3k+1}{6k+2} \times \frac{2k}{6k+2} = \frac{k}{6k+2} = P(A \cap B)$이므로
두 사건 A, B는 서로 독립이다.

(iii) $n=6k+4$
$n(A) = \left[\frac{6k+4}{2} \right] = 3k+2$, $n(B) = \left[\frac{6k+4}{3} \right] = 2k+1$,
$n(A \cap B) = \left[\frac{6k+4}{6} \right] = k$이므로
$P(A) \times P(B) = \frac{3k+2}{6k+4} \times \frac{2k+1}{6k+4} \neq \frac{k}{6k+4} = P(A \cap B)$이므
로 두 사건 A, B는 서로 종속이다.
(i), (ii), (iii)에서 두 사건 A, B가 서로 독립인
세 자리 짝수 n은
$n=6k$일 때 $k=17$에서 $k=166$인
$102, 108, \cdots, 996$로 150개

$n=6k+2$일 때
$k=17$에서 $k=166$인 $104, 108, \cdots, 998$로 150개다.
따라서 $150+150=300$

[랑데뷰팁]

세 자리 짝수의 개수는 450이고 그 중 $\frac{2}{3}$이므로

$$450 \times \frac{2}{3} = 300$$

89 정답 ④

카드 뽑기를 중단할 때까지 3의 배수가 적힌 카드가 나오는
상황은 6이 나오면서 중단되는 경우와 3이 나오면서 중단되는
경우이다.

(1) 숫자 6이 나와 카드 뽑기를 중단하는 경우

(i) 6이 적힌 카드가 첫 번째 시행에서 나올 확률은 $\dfrac{1}{6}$

(ii) 6이 적힌 카드가 두 번째 시행에서 나올 확률은
첫 번째 시행에서 3, 6이 나오지 않고 두 번째 시행에서 6이
나와야 하므로
$$\dfrac{4}{6} \times \dfrac{1}{6} = \dfrac{4}{6^2}$$

(iii) 6이 적힌 카드가 세 번째 시행에서 나오는 경우는 첫 번째,
두 번째 시행에서 나오는 카드에 적힌 수가 다음과 같을 때이다.
$(1, 2),\ (1, 4),\ (1, 5),\ (2, 4),\ (2, 5),\ (4, 5)$
따라서 구하는 확률은
$$\dfrac{6}{6^2} \times \dfrac{1}{6} = \dfrac{6}{6^3}$$

(iv) 6이 적힌 카드가 네 번째 시행에서 나오는 경우는 첫 번째,
두 번째, 세 번째 시행에서 나오는 카드에 적힌 수가 다음과 같을
때이다.
$(1, 2, 4),\ (1, 2, 5),\ (1, 4, 5),\ (2, 4, 5)$
따라서 구하는 확률은
$$\dfrac{4}{6^3} \times \dfrac{1}{6} = \dfrac{4}{6^4}$$

(v) 6이 적힌 카드가 다섯 번째 시행에서 나오는 경우는 첫 번째,
두 번째, 세 번째, 네 번째 시행에서 나오는 카드에 적힌 수가
다음과 같을 때이다.
$(1, 2, 4, 5)$
따라서 구하는 확률은
$$\dfrac{1}{6^4} \times \dfrac{1}{6} = \dfrac{1}{6^5}$$

(i)~(v)에서 카드 뽑기를 중단할 때까지 6이 적힌 카드가 나올
확률은
$$\dfrac{1}{6} + \dfrac{4}{6^2} + \dfrac{6}{6^3} + \dfrac{4}{6^4} + \dfrac{1}{6^5}$$
$$= \dfrac{6^4 + 4 \times 6^3 + 6^3 + 4 \times 6 + 1}{6^5} = \dfrac{2401}{6^5}$$

(2) 숫자 3이 나와 카드 뽑기를 중단하는 경우

(1)과 같은 상황이다. $\dfrac{2401}{6^5}$

(1), (2)에서
카드 뽑기를 중단할 때까지 3의 배수가 적힌 카드가 나올 확률은
$$2 \times \dfrac{2401}{6^5} = \dfrac{a}{3 \times 6^4}$$
따라서 $a = 2401$

[다른 풀이]―장세완T
(iii)에서 6이 적힌 카드가 세 번째 시행에서 나오는 경우는
3을 제외한 6보다 작은 수를 대소관계를 확정하여 2개 뽑는
경우의 수
$_4\mathrm{C}_2 = 6$

(iv)에서 6이 적힌 카드가 네 번째 시행에서 나오는 경우는
3을 제외한 6보다 작은 수를 대소관계를 확정하여 3개 뽑는
경우의 수

$_4\mathrm{C}_3 = 4$

90 정답 686

점프를 반복하여 점 $(0, 0)$에서 점 $(4, 5)$까지 이동하는 모든
경우의 수를 N이라 하자. 확률변수 X가 가질 수 있는 값 중
가장 작은 값을 k라 하자.
이때, 점프는 $(x+1,\ y+1)$이 4번이고 $(x,\ y+1)$가 1번이면
되므로 $k = 5$ 이고 가장 큰 값은 $k+4 = 9$이다.
$X = k$일 때, 점프는 $(x+1,\ y+1)$이 4번, $(x,\ y+1)$가
1번이므로
$$\mathrm{P}(X=k) = \dfrac{1}{N} \times \dfrac{5!}{4!} = \dfrac{5}{N}$$
또, $X = k+1$일 때, 점프는 $(x+1,\ y+1)$이 3번,
$(x+1,\ y)$가 1번 $(x,\ y+1)$이 2번이므로
$$\mathrm{P}(X=k+1) = \dfrac{1}{N} \times \dfrac{6!}{3!2!} = \dfrac{60}{N}$$
또, $X = k+2$일 때, 점프는 $(x+1,\ y+1)$이 2번,
$(x+1,\ y)$가 2번, $(x,\ y+1)$이 3번 이어야 하므로
$$\mathrm{P}(X=k+2) = \dfrac{1}{N} \times \dfrac{7!}{2!2!3!} = \dfrac{210}{N}$$
또, $X = k+3$일 때, 점프는 $(x+1,\ y+1)$이 1번,
$(x+1,\ y)$가 3번, $(x,\ y+1)$이 4번 이어야 하므로
$$\mathrm{P}(X=k+3) = \dfrac{1}{N} \times \dfrac{8!}{3!4!} = \dfrac{1}{N} \times 280 \text{이고}$$
또, $X = k+4$일 때, 점프는 $(x+1,\ y)$가 4번, $(x,\ y+1)$이
5번 이어야 하므로
$$\mathrm{P}(X=k+4) = \dfrac{1}{N} \times \dfrac{9!}{4!5!} = \dfrac{126}{N} \text{이고}$$
$\displaystyle\sum_{i=k}^{k+4} \mathrm{P}(X=i) = 1$에서
$$\dfrac{5}{N} + \dfrac{60}{N} + \dfrac{210}{N} + \dfrac{280}{N} + \dfrac{126}{N} = 1,\ \dfrac{681}{N} = 1$$이므로 $N = 681$이다.

따라서 $\mathrm{P}(X=5) = \dfrac{5}{681}$
$p = 681$, $q = 5$이므로 $p+q = 686$

91 정답 ⑤

가장 높은 곳에 놓은 하나의 구슬이 상자 A, B, C, D중의 한
상자에 모일 확률은 각각
$$\left(\dfrac{1}{2}\right)^3,\ 3 \times \left(\dfrac{1}{2}\right)^3,\ 3 \times \left(\dfrac{1}{2}\right)^3,\ \left(\dfrac{1}{2}\right)^3 \text{로}\ \dfrac{1}{8},\ \dfrac{3}{8},\ \dfrac{3}{8},\ \dfrac{1}{8} \text{이다.}$$
이때 확률변수 X가 갖는 값은 1, 2, 3, 4이다.
(i) $X = 1$일 때
구슬이 네 번 모두 상자 A, B, C, D중 한 상자에 모이는
경우이므로

$$P(X=1)=\left(\frac{1}{8}\right)^4+\left(\frac{3}{8}\right)^4+\left(\frac{3}{8}\right)^4+\left(\frac{1}{8}\right)^4$$
$$=\frac{1+81+81+1}{2^{12}}=\frac{164}{2^{12}}=\frac{41}{1024}$$

(ii) $X=4$일 때

네 구슬이 상자 A, B, C, D에 하나씩 모이는 경우이므로

확률은 $\dfrac{1}{8}\times\dfrac{3}{8}\times\dfrac{3}{8}\times\dfrac{1}{8}=\dfrac{9}{2^{12}}$

모이는 순서 $4!=24$

$$P(X=4)=4!\times\frac{9}{2^{12}}=\frac{54}{1024}$$

(iii) $X=3$일 때

네 구슬이 상자 A, B, C, D중 세 상자에 모이는 경우이다.
우선 네 상자 중 세 상자를 선택 $_4C_3=4$으로 각각의 확률은
다음과 같다.

㉠ 선택 된 세 상자가 A, B, C일 때

네 구슬이 A에 두 번 들어가는 경우 $\dfrac{4!}{2!}\times\left(\dfrac{1}{8}\right)^2\left(\dfrac{3}{8}\right)^2=\dfrac{27}{1024}$

네 구슬이 B에 두 번 들어가는 경우 $\dfrac{4!}{2!}\times\left(\dfrac{1}{8}\right)\left(\dfrac{3}{8}\right)^3=\dfrac{81}{1024}$

네 구슬이 C에 두 번 들어가는 경우 $\dfrac{4!}{2!}\times\left(\dfrac{1}{8}\right)\left(\dfrac{3}{8}\right)^3=\dfrac{81}{1024}$

따라서 $\dfrac{27+81+81}{1024}=\dfrac{189}{1024}$

㉡ 선택 된 세 상자가 B, C, D일 때

→㉠과 같은 경우이므로 $\dfrac{189}{1024}$

㉢ 선택 된 세 상자가 A, B, D일 때,

네 구슬이 A에 두 번 들어가는 경우 $\dfrac{4!}{2!}\times\left(\dfrac{1}{8}\right)^3\left(\dfrac{3}{8}\right)=\dfrac{9}{1024}$

네 구슬이 B에 두 번 들어가는 경우 $\dfrac{4!}{2!}\times\left(\dfrac{1}{8}\right)^2\left(\dfrac{3}{8}\right)^2=\dfrac{27}{1024}$

네 구슬이 C에 두 번 들어가는 경우 $\dfrac{4!}{2!}\times\left(\dfrac{1}{8}\right)^3\left(\dfrac{3}{8}\right)=\dfrac{9}{1024}$

따라서 $\dfrac{9+27+9}{1024}=\dfrac{45}{1024}$

㉣ 선택 된 세 상자가 A, C, D일 때,

→㉢과 같은 경우이므로 $\dfrac{45}{1024}$

따라서 $\dfrac{45\times2+189\times2}{1024}=\dfrac{468}{1024}$

(iii) $X=2$일 때

$$P(X=2)=1-\{P(X=1)+P(X=3)+P(X=4)\}$$
$$=1-\left(\frac{41+468+54}{1024}\right)=\frac{461}{1024}$$

(i)~(iv)에 의하여 확률변수 X의 확률분포를 표로 나타내면
다음과 같다.

X	1	2	3	4	계
$P(X=x)$	$\dfrac{41}{1024}$	$\dfrac{461}{1024}$	$\dfrac{468}{1024}$	$\dfrac{54}{1024}$	1

따라서 $E(X)=\dfrac{41+922+1404+216}{1024}=\dfrac{2583}{1024}$

92 정답 26

공에 적힌 6개의 수 a,b,c,d,e,f가 이 순서대로 등차수열을
이루므로

$a+f=b+e=c+d$이다.

따라서 $a+f=10$일 때, 꺼낸 공에 적힌 두 수의 합이 10이려면
꺼낸 두 공에 적힌 수가 a와 f 또는 b와 e 또는 c와 d이어야 한다.

그러므로 2개의 공을 동시에 꺼내 나온 두 수의 합이 10일 확률은

$\dfrac{3}{_6C_2}=\dfrac{3}{15}=\dfrac{1}{5}$ 이다.

따라서 확률변수 X는 이항분포 $B\left(100,\dfrac{1}{5}\right)$을 따르고,

$$E(X)=100\times\frac{1}{5}=20,\quad V(X)=100\times\frac{1}{5}\times\frac{4}{5}=16$$

$V(X)=E(X^2)-\{E(X)\}^2$에서

$E(X^2)=V(X)+\{E(X)\}^2=16+400=416$

$V(kX)=k^2V(X)=16k^2=416$

$\therefore\ k^2=\dfrac{416}{16}=26$

93 정답 11

자연수 $k\,(5\le k\le n)$에 대하여 확률변수 X의 값이 k일
확률은 1부터 $k-1$까지의 자연수가 적혀 있는 카드 중에서 서로
다른 4장의 카드와 k가 적혀 있는 카드를 선택하는 경우의 수를
전체 경우의 수로 나누는 것이므로

$$P(X=k)=\frac{_{k-1}C_4}{_nC_5}$$

이다. 자연수 $r\,(1\le r\le k)$에 대하여

$_kC_r=\dfrac{k}{r}\times{}_{k-1}C_{r-1}$ 이므로

$$k\times{}_{k-1}C_4=5\times\frac{k}{5}\times{}_{k-1}C_4$$
$$=5\times{}_kC_5$$

이다. 그러므로

$$E(X)=\sum_{k=5}^{n}\{k\times P(X=k)\}$$
$$=\frac{1}{_nC_5}\sum_{k=5}^{n}(k\times{}_{k-1}C_4)$$
$$=\frac{5}{_nC_5}\sum_{k=5}^{n}{}_kC_5\ \text{이다.}$$

$\displaystyle\sum_{k=5}^{n}{}_kC_5={}_{n+1}C_6$ 이므로

$$E(X) = \frac{5}{{}_n C_5} \times {}_{n+1}C_6$$
$$= \frac{5}{{}_n C_5} \times \frac{n+1}{6} \times {}_n C_5$$
$$= (n+1) \times \frac{5}{6}$$

따라서 $p = 6$, $q = 5$이다.

$p + q = 11$

94 정답 20

공의 총 개수는 $1 + 3 + 5 + \cdots + 2k-1 = k^2$이고

1이 적힌 공은 $2k-1$개이므로 $P(X=1) = \dfrac{2k-1}{k^2}$

2가 적힌 공은 $2k-3$개이므로 $P(X=2) = \dfrac{2k-3}{k^2}$

$$\vdots \qquad\qquad \vdots$$

k가 적힌 공은 1개이므로 $P(X=k) = \dfrac{1}{k^2}$

따라서 확률변수 X에 대한 확률분포표는 다음과 같다.

X	1	2	$\cdots$	$k-1$	k	합계
$P(X=x)$	$\dfrac{2k-1}{k^2}$	$\dfrac{2k-3}{k^2}$	$\cdots$	$\dfrac{3}{k^2}$	$\dfrac{1}{k^2}$	1

$E(X)$
$$= \frac{1}{k^2}\{1\times(2k-1) + 2\times(2k-3) + \cdots + (k-1)\times 3 + k\times 1\}$$
$$= \frac{1}{k^2}\sum_{n=1}^{k} n(2k-2n+1)$$
$$= \frac{1}{k^2}\sum_{n=1}^{k} -2n^2 + (2k+1)n$$
$$= \frac{1}{k^2}\left\{\frac{-2k(k+1)(2k+1)}{6} + (2k+1)\frac{k(k+1)}{2}\right\}$$
$$= \frac{(k+1)(2k+1)}{6k}$$

$E(40X+13) = 300$

$E(40X+13) = 40E(X) + 13 = 300$

$$E(X) = \frac{287}{40}$$

$$\frac{(k+1)(2k+1)}{6k} = \frac{287}{40}$$

$20(2k^2 + 3k + 1) = 861k$

$40k^2 - 801k + 20 = 0$

$(40k-1)(k-20) = 0$

$$k = \frac{1}{40}, \ 20$$

k는 자연수이므로 $k = 20$

95 정답 15

자연수 1, 2, 3, 4, 5중 네 개를 선택하여 한 번씩 사용하여

만들 수 있는 모든 네 자리의 자연수의 집합을 S라 하면
$n(S) = {}_5 P_4 = 120$이고 X가 갖는 값은 0, 1, 2, 3이다.

$m \in S$인 자연수 m의 각 자리의 숫자를 거꾸로 나열하여 만든
자연수를 m'라 하면 $m' \in S$이고 임의의 자연수 m에 대하여
m'이 반드시 하나 존재한다.

자연수 m의 $a_i < a_{i+1}$ $(i=1,2,3)$을 만족시키는 a_i의 개수가
k개이면 m'의 $a_i < a_{i+1}$ $(i=1,2,3)$을 만족시키는 a_i의
개수는 $3-k$이다. 문제에서 예로 든 2315와 5132도 같은
원리로 생각할 수 있다.

따라서 $P(X=0) = P(X=3)$, $P(X=1) = P(X=2)$가
성립한다.

$X=3$과 $X=0$인 경우는 자연수 1, 2, 3, 4, 5중 네 개를
선택하여 크기순으로 나열하거나 거꾸로 나열하는 경우이므로 각
5가지씩 $({}_5 C_4)$이다.

따라서 $P(X=0) = P(X=3) = \dfrac{5}{120} = \dfrac{1}{24}$

그럼 총 120가지 중 $X=1$인 경우와 $X=2$인 경우의 수가 각각
55가지씩 이다.

그러므로 $P(X=1) = P(X=2) = \dfrac{55}{120} = \dfrac{11}{24}$

따라서

X	0	1	2	3	계
$P(X=x)$	$\dfrac{1}{24}$	$\dfrac{11}{24}$	$\dfrac{11}{24}$	$\dfrac{1}{24}$	1

$$E(X) = \frac{0+11+22+3}{24} = \frac{36}{24} = \frac{3}{2}$$

$$E(X^2) = \frac{0+11+44+9}{24} = \frac{64}{24} = \frac{8}{3}$$

따라서 $V(X) = E(X^2) - \{E(X)\}^2 = \dfrac{8}{3} - \dfrac{9}{4} = \dfrac{5}{12}$

$$V(6X) = 36V(X) = 36 \times \frac{5}{12} = 15$$

[다른 풀이]

$P(X=1) = P(X=2)$이므로 $P(X=1)$만 생각하자.

(i) 선택된 수에 연속된 네 수가 있는 경우

(1, 2, 3, 4), (2, 3, 4, 5)

예를 들어 (1, 2, 3, 4)일 때

㉠ $a_1 > a_2 > a_3$, $a_3 < a_4$

3214, 4312, 4213→3가지

㉡ $a_1 > a_2$, $a_2 < a_3$, $a_3 > a_4$

2143, 3142, 3241, 4132, 4231→5가지

㉢ $a_1 < a_2$, $a_2 > a_3 > a_4$

3421, 2431, 1432→3가지

따라서 $(3+5+3) \times 2 = 22$

(ii) 선택된 수에 연속된 세 수가 있는 경우

(1, 2, 3, 5), (1, 3, 4, 5)

예를 들어 (1, 2, 3, 4)일 때→(i)의 숫자 4에 5를 대체하면
된다.

따라서 22가지

(iii) 선택된 수가 1, 2, 4, 5인 경우
→(i)의 숫자 3에 4를 4에 5를 대체하면 된다. 따라서 11가지
직접 구해 보면 다음과 같다.
㉠ $a_1 > a_2 > a_3,\ a_3 < a_4$

4215, 5412, 5214→3가지

㉡ $a_1 > a_2,\ a_2 < a_3,\ a_3 < a_4$

2154, 4152, 4251, 5142, 5241→5가지

㉢ $a_1 < a_2,\ a_2 > a_3 > a_4$

4521, 2541, 1542→3가지

따라서

X	0	1	2	3	계
$P(X=x)$	$\dfrac{1}{24}$	$\dfrac{11}{24}$	$\dfrac{11}{24}$	$\dfrac{1}{24}$	1

$$E(X) = \frac{0+11+22+3}{24} = \frac{36}{24} = \frac{3}{2}$$

$$E(X^2) = \frac{0+11+44+9}{24} = \frac{64}{24} = \frac{8}{3}$$

따라서 $V(X) = E(X^2) - \{E(X)\}^2 = \dfrac{8}{3} - \dfrac{9}{4} = \dfrac{5}{12}$

$$V(6X) = 36V(X) = 36 \times \frac{5}{12} = 15$$

96 정답 ③

확률변수 X가 정규분포 $N(m, \sigma^2)$을 따르므로
$m = 20$이면 $P(16 \leq X \leq 20) = P(20 \leq X \leq 24)$
$m < 20$이면 $P(16 \leq X \leq 20) > P(20 \leq X \leq 24)$
으로 (가)에 모순이다.
따라서 $m > 20$
$m = 24$이면 $P(20 \leq X \leq 24) = P(24 \leq X \leq 28)$
$m > 24$이면 $P(20 \leq X \leq 24) < P(24 \leq X \leq 28)$
으로 (나)에 모순이다.
따라서 $m < 24$
그러므로 $20 < m < 24$이고 홀수이므로 m은 21, 23이
가능하다.
(i) $m = 21$인 경우
$Z = \dfrac{X-21}{\sigma}$으로 놓으면

$$P(20 \leq X \leq 24) = P\left(-\frac{1}{\sigma} \leq Z \leq \frac{3}{\sigma}\right)$$

σ는 6이하의 짝수이므로
$\sigma = 2$일 때
$P(20 \leq X \leq 24) = P(-0.5 \leq Z \leq 1.5) > P(0 \leq Z \leq 1)$
으로
(다) 조건에 모순
$\sigma = 4$일 때
$P(20 \leq X \leq 24) = P(-0.25 \leq Z \leq 0.75) > P(0 \leq Z \leq 1)$
으로

(다)조건에 모순
$\sigma = 6$일 때

$$P(20 \leq X \leq 24) = P\left(-\frac{1}{6} \leq Z \leq 0.5\right) < P(0 \leq Z \leq 1)$$

으로
(다)조건을 만족한다.
따라서 $m = 21$, $\sigma = 6$

(ii) $m = 23$인 경우

$Z = \dfrac{X-23}{\sigma}$으로 놓으면

$$P(20 \leq X \leq 24) = P\left(-\frac{3}{\sigma} \leq Z \leq \frac{1}{\sigma}\right)$$

σ는 짝수이므로
$\sigma = 2$일 때
$P(20 \leq X \leq 24) = P(-1.5 \leq Z \leq 0.5) > P(0 \leq Z \leq 1)$
으로
(다) 조건에 모순
$\sigma = 4$일 때
$P(20 \leq X \leq 24) = P(-0.75 \leq Z \leq 0.25) > P(0 \leq Z \leq 1)$
으로
(다)조건에 모순
$\sigma = 6$일 때

$$P(20 \leq X \leq 24) = P\left(-0.5 \leq Z \leq \frac{1}{6}\right) < P(0 \leq Z \leq 1)$$

으로
(다)조건을 만족한다.
따라서 $m = 23$, $\sigma = 6$

(i), (ii)에서 확률변수 X는 정규분포 $N(21, 6)$ 또는 $N(23, 6)$을
따른다.
$P(20 \leq X \leq 26)$의 최댓값은 확률변수 X는 정규분포
$N(23, 6)$을 따를 때이므로
$P(20 \leq X \leq 26) = P(-0.5 \leq Z \leq 0.5) = 2P(0 \leq Z \leq 0.5)$
$= 0.3830$

97 정답 87

4개의 공에 적혀 있는 수의 최댓값과 최솟값의 곱이 16이 되는
경우는 최솟값이 2, 최댓값이 8인 경우와 4개의 수 모두 4인
경우가 있다.

(i) 4개의 공에 적혀 있는 수의 최댓값이 8, 최솟값이 2인
경우는
① 공에 적힌 수의 종류가 4개인 경우
최솟값 2, 최댓값 8이 나오고 그 사이 3~7중 2개가 나오는
경우이다.
3~7의 5개 중 2개의 수를 고르는 경우의 수는 $_5C_2 = 10$
4개의 수를 나열하는 방법의 수는 $4! = 24$
따라서 $10 \times 24 = 240$

② 공에 적힌 수의 종류가 3개인 경우
㉠ 최솟값 2, 최댓값 8이 나오고 그 중 중복되는 수가 하나 있고
그 사이 3~7중 1개가 나오는 경우⇨
3~7의 5개 중 1개의 수를 고르는 경우의 수는 $_5C_1 = 5$
2, 8 중 1개의 수를 고르는 경우의 수는 $_2C_1 = 2$

4개의 수를 나열하는 방법의 수는 $\dfrac{4!}{2!} = 12$

따라서 $5 \times 2 \times 12 = 120$
㉡ 최솟값 2, 최댓값 8이 나오고 그 중 중복되는 수가 없고 그
사이 3~7중 1개가 중복으로 나오는 경우⇨
3~7의 5개 중 1개의 수를 고르는 경우의 수는 $_5C_1 = 5$

4개의 수를 나열하는 방법의 수는 $\dfrac{4!}{2!} = 12$

따라서 $5 \times 12 = 60$
그러므로 180
③ 공에 적힌 수의 종류가 2개인 경우
최솟값 2, 최댓값 8이 나오고 나머지 2개의 수도 2 또는 8인
경우의 수는 전체 경우의 수 2^4에서 모두 2이거나 모두 8인
경우를 제외하면 되므로
$2^4 - 2 = 14$이다.
따라서 $240 + 180 + 14 = 434$

(ii) 4개의 수 모두 4인 경우
1가지 뿐이다.

(i), (ii)에서 $434 + 1 = 435$이므로
4개의 공에 적혀 있는 수의 최댓값과 최솟값의 곱이 16이 되는

확률은 $\dfrac{435}{10^4} = \dfrac{87}{2000}$

확률변수 X는 $\mathrm{B}\left(2000, \dfrac{87}{2000}\right)$을 따르므로

$\mathrm{E}(X) = 2000 \times \dfrac{87}{2000} = 87$

98 정답 ②

확률변수 X, Y는 정규분포를 따르고
$\mathrm{E}(X) = \mathrm{E}(Y) = m$이므로 두 확률밀도함수
$y = f(x), y = g(x)$의 그래프는 직선 $x = m$에 대하여
대칭이다.
그런데 $f(-\alpha) = g(-\alpha) = f(\alpha) = g(\alpha)$이므로 $m = 0$이다.
확률변수 X, Y가 각각 정규분포 $\mathrm{N}(0, 2^2)$, $\mathrm{N}(0, 4^2)$ 을
따르므로 $Z_1 = \dfrac{X}{2}$, $Z_2 = \dfrac{Y}{4}$이라 하면 두 확률변수 Z_1, Z_2는
표준정규분포 $\mathrm{N}(0, 1)$을 따른다.
이때, 두 확률밀도함수 $y = f(x), y = g(x)$와 직선 $x = -1$로
둘러싸인 색칠된 부분의 넓이는
$x = 1$와 둘러싸인 부분의 넓이와 같다.

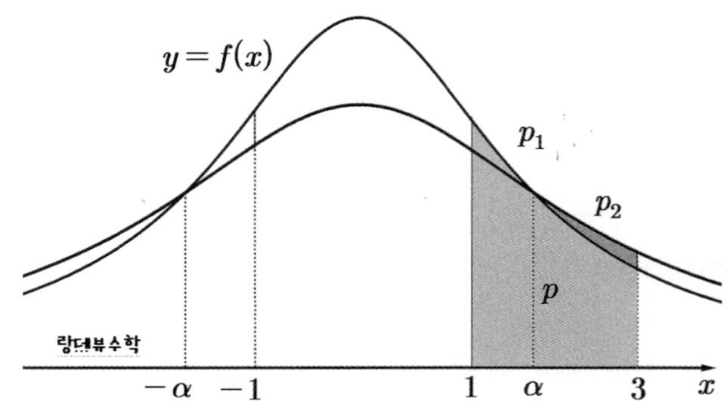

다음 그림과 같이 $x = 1$, $y = g(x)$, $x = \alpha$로 둘러싸인 부분과
$x = \alpha$, $y = f(x)$, $x = 3$으로 둘러싸인 부분의 넓이의 합을 p라
하자.

곡선 $y = f(x)$와 두 직선 $x = 1$, $x = 3$ 및 x축으로 둘러싸인
부분의 넓이는 $p_1 + p$이다.
$$p_1 + p = \mathrm{P}(1 \le X \le 3)$$
$$= \mathrm{P}\left(0 \le \dfrac{X-0}{2} \le \dfrac{3-0}{2}\right) - \mathrm{P}\left(0 \le \dfrac{X-0}{2} \le \dfrac{1-0}{2}\right)$$
$$= \mathrm{P}(0 \le Z_1 \le 1.5) - \mathrm{P}(0 \le Z_1 \le 0.5)$$
$$= 0.4332 - 0.1915 = 0.2417$$

또한 곡선 $y = g(x)$와 두 직선 $x = 1$, $x = 3$ 및 x축으로
둘러싸인 부분의 넓이 $p + p_2$이다.
$$p + p_2 = \mathrm{P}(1 \le Y \le 3)$$
$$= \mathrm{P}\left(0 \le \dfrac{Y-0}{4} \le \dfrac{3-0}{4}\right) - \mathrm{P}\left(0 \le \dfrac{Y-0}{4} \le \dfrac{1-0}{4}\right)$$
$$= \mathrm{P}(0 \le Z_2 \le 0.75) - \mathrm{P}(0 \le Z_2 \le 0.25)$$
$$= 0.2734 - 0.0987 = 0.1747$$
$p_1 + p - (p + p_2) = p_1 - p_2$이므로
$$|p_1 - p_2| = 0.2417 - 0.1747 = 0.067$$

99 정답 58

A지점에서 B지점까지 최단 거리로 가는 전체 경우의 수는
$$\dfrac{8!}{4!4!} = \dfrac{8 \times 7 \times 6 \times 5}{4 \times 3 \times 2 \times 1} = 70$$이다.
확률변수 X가 갖는 값은 0, 1, 2, 3이다.
(i) $X = 0$인 경우
P, Q, R지점을 지나지 않는 경우의 수는 10이다.

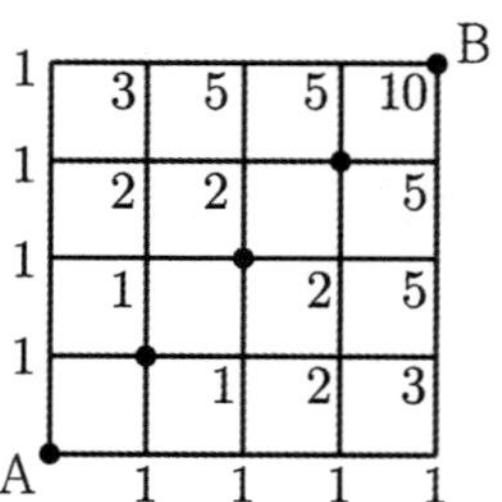

따라서 $\dfrac{10}{70}=\dfrac{1}{7}$ 이다.

(ii) $X=1$인 경우

P 지점을 지나고 Q, R 지점은 지나지 않는 경우의 수는 8이다.

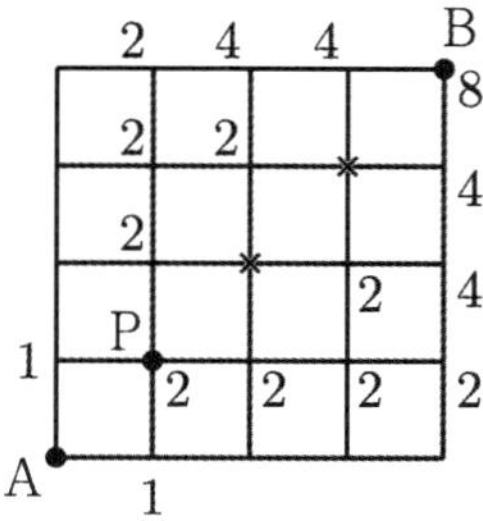

Q 지점을 지나고 P, R 지점은 지나지 않는 경우의 수는 4이다.

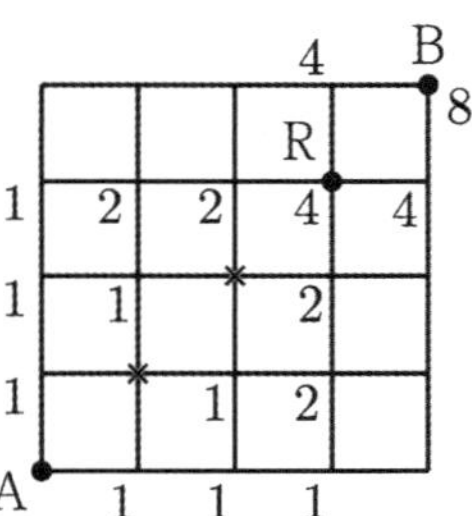

R 지점을 지나고 P, Q 지점은 지나지 않는 경우의 수는 8이다.

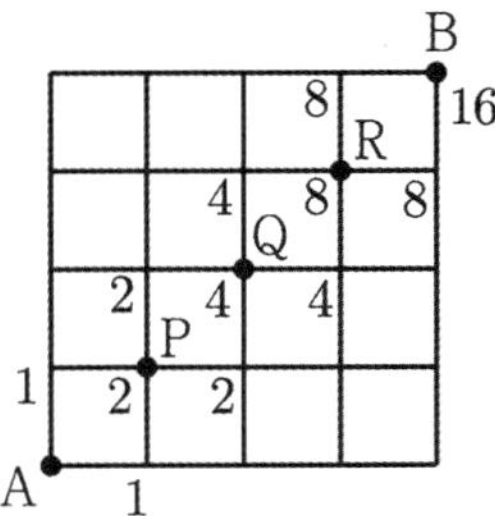

따라서

$$P(X=1)=\dfrac{8+4+8}{70}=\dfrac{2}{7}$$

(iii) $X=3$인 경우

P, Q, R 지점 모두 지나는 경우의 수는 16이다.

따라서 $P(X=3)=\dfrac{16}{70}=\dfrac{8}{35}$

(iv) $X=2$인 경우

확률변수 X가 갖는 값에 대한 확률의 합은 1이므로

$$P(X=2)=1-\left(\dfrac{1}{7}+\dfrac{2}{7}+\dfrac{8}{35}\right)=1-\dfrac{10+20+16}{70}=\dfrac{12}{35}$$

따라서 확률변수 X의 확률분포를 표로 나타내면 다음과 같다.

X	0	1	2	3	합계
$P(X=x)$	$\dfrac{1}{7}$	$\dfrac{2}{7}$	$\dfrac{12}{35}$	$\dfrac{8}{35}$	1

따라서

$$E(X)=0\times\dfrac{1}{7}+1\times\dfrac{2}{7}+2\times\dfrac{12}{35}+3\times\dfrac{8}{35}$$

$$=\dfrac{10+24+24}{35}$$

$$=\dfrac{58}{35}$$

따라서 $E(35X)=58$

100 정답 61

$x=-1$일 때,

$$\int_{-1}^{-1}g(t)\,dt=0=\dfrac{3f(-1)}{1+2f(-1)} \text{ 이므로 } f(-1)=0$$

$x=1$일 때,

$$\int_{-1}^{1}g(t)\,dt=1=\dfrac{3f(1)}{1+2f(1)} \text{ 이므로 } f(1)=1 \text{이다.}$$

함수 $f(x)$가 x축에 접하므로 $f(x)=a(x+1)^2$이고

$f(1)=4a=1$이므로 $a=\dfrac{1}{4}$이다.

따라서 $f(x)=\dfrac{1}{4}(x+1)^2$

$$\therefore f\left(\dfrac{1}{2}\right)=\dfrac{1}{4}\times\dfrac{9}{4}=\dfrac{9}{16}$$

따라서

$$P\left(-1\le X\le\dfrac{1}{2}\right)$$

$$=\int_{-1}^{\frac{1}{2}}g(t)\,dt=\dfrac{3f\left(\dfrac{1}{2}\right)}{1+2f\left(\dfrac{1}{2}\right)}$$

$$=\dfrac{3\times\dfrac{9}{16}}{1+2\times\dfrac{9}{16}}=\dfrac{27}{34}$$

따라서 $p=34,\ q=27$

$p+q=61$

101 정답 61

꺼낸 세 수를 X_1, X_2, X_3라 할 때,

$$\overline{X}=\dfrac{X_1+X_2+X_3}{3} \text{이다.}$$

$\overline{X}=3$일 때는 $X_1+X_2+X_3=9$일 때다.

(i) $(1, 2, 6)$일 때

$$\left(\frac{1}{2}\times\frac{1}{3}\right)\left(\frac{1}{2}\times\frac{1}{3}\times2\right)\left(\frac{1}{2}\times\frac{1}{3}\right)\times3!=\frac{1}{6}\times\frac{1}{3}\times\frac{1}{6}\times6=\frac{1}{18}$$

(ii) $(2, 3, 4)$일 때

$$\left(\frac{1}{2}\times\frac{1}{3}\times2\right)\left(\frac{1}{2}\times\frac{1}{3}\right)\left(\frac{1}{2}\times\frac{1}{3}\right)\times3!=\frac{1}{3}\times\frac{1}{6}\times\frac{1}{6}\times6=\frac{1}{18}$$

(iii) $(3, 3, 3)$일 때

$$\left(\frac{1}{2}\times\frac{1}{3}\right)\left(\frac{1}{2}\times\frac{1}{3}\right)\left(\frac{1}{2}\times\frac{1}{3}\right)\times\frac{3!}{3!}=\frac{1}{6}\times\frac{1}{6}\times\frac{1}{6}=\frac{1}{216}$$

(iii) $(1, 4, 4)$일 때

$$\left(\frac{1}{2}\times\frac{1}{3}\right)\left(\frac{1}{2}\times\frac{1}{3}\right)\left(\frac{1}{2}\times\frac{1}{3}\right)\times\frac{3!}{2!}=\frac{1}{6}\times\frac{1}{6}\times\frac{1}{6}\times3=\frac{3}{216}$$

(i)~(iv)에서

$$\frac{1}{18}+\frac{1}{18}+\frac{1}{216}+\frac{3}{216}=\frac{12+12+1+3}{216}=\frac{28}{216}=\frac{7}{54}$$

$p=54$, $q=7$이므로 $p+q=54+7=61$

102 정답 2

완전순열을 이용하자.[랑데뷰세미나(184)–몽모르트 순열 참고]

n개의 구슬의 색과 상자의 푯말이 나타내는 색이 일치하지 않는 경우의 수를 a_n이라 할 때

완전순열에서 $a_1=0$, $a_2=1$, $a_3=2$, $a_4=9$이다.

구슬을 넣는 전체 경우의 수는 $4!=24$

$X=0$는 a_4인 경우이므로 $\mathrm{P}(X=0)=\dfrac{9}{24}$

$X=1$는 구슬 1개가 색깔이 같은 상자에 들어가고 나머지는 a_3인 경우이므로

$$\mathrm{P}(X=1)=\frac{{}_4\mathrm{C}_1\times2}{24}=\frac{8}{24}$$

$X=2$는 구슬 2개가 색깔이 같은 상자에 들어가고 나머지는 a_2인 경우이므로

$$\mathrm{P}(X=2)=\frac{{}_4\mathrm{C}_2\times1}{24}=\frac{6}{24}$$

$X=3$는 구슬 3개가 색깔이 같은 상자에 들어가고 나머지 1개가 색깔이 다른 상자에 들어갈 수는 없으므로

$\mathrm{P}(X=3)=0$

$X=4$는 1가지 경우이다.

$$\mathrm{P}(X=4)=\frac{1}{24}$$

따라서 확률분포표는 다음과 같다.

X	0	1	2	3	4
$\mathrm{P}(X=r)$	$\dfrac{9}{24}$	$\dfrac{8}{24}$	$\dfrac{6}{24}$	0	$\dfrac{1}{24}$

따라서

$$\mathrm{E}(X)=\frac{0+8+12+0+4}{24}=1$$

$$\mathrm{V}(X)=\frac{0+8+24+0+16}{24}-1^2=1$$

따라서 $\mathrm{E}(X)+\mathrm{V}(X)=2$

103 정답 2

완전순열을 이용하자. [랑데뷰세미나(186) 참조]

n명의 사람이 n개의 자기 우산을 모두 가져가지 않는 경우의 수를 a_n이라 할 때

완전순열에서 $a_1=0$, $a_2=1$, $a_3=2$, $a_4=9$, $a_5=44$이다.

우산을 가져가는 전체 경우의 수는 $5!=120$

$X=0$는 a_5인 경우이므로 $\mathrm{P}(X=0)=\dfrac{44}{120}$

$X=1$는 1명이 자기 우산을 가져가고 나머지는 a_4인 경우이므로

$$\mathrm{P}(X=1)=\frac{{}_5\mathrm{C}_1\times9}{120}=\frac{45}{120}$$

$X=2$는 2명이 자기 우산을 가져가고 나머지는 a_3인 경우이므로

$$\mathrm{P}(X=2)=\frac{{}_5\mathrm{C}_2\times2}{120}=\frac{20}{120}$$

$X=3$는 3명이 자기 우산을 가져가고 나머지는 a_2인 경우이므로

$$\mathrm{P}(X=3)=\frac{{}_5\mathrm{C}_3\times1}{120}=\frac{10}{120}$$

$X=4$는 4명이 자기 우산을 가져가고 나머지 1명은 자기우산을 가져가지 않아야 하는데 그럴 수가 없다. $\mathrm{P}(X=4)=0$

$X=5$는 5명이 자기 우산을 가져가는 경우이므로

$$\mathrm{P}(X=5)=\frac{1}{120}=\frac{1}{120}$$

따라서 확률분포표는 다음과 같다.

X	0	1	2	3	5
$\mathrm{P}(X=r)$	$\dfrac{44}{120}$	$\dfrac{45}{120}$	$\dfrac{20}{120}$	$\dfrac{10}{120}$	$\dfrac{1}{120}$

따라서

$$\mathrm{E}(X)=\frac{0+45+40+30+5}{120}=1$$

$$\mathrm{V}(X)=\frac{0+45+80+90+25}{120}-1^2=1$$

따라서 $\mathrm{E}(X)+\mathrm{V}(X)=2$

104 정답 7

확률변수 X의 가능한 값은 1, 2, 3, 4이다.

$\mathrm{P}(X=1)=\dfrac{3}{6}=\dfrac{1}{2}\rightarrow$ 1번 자리에 수학책 3권 중 한 권을 꽂을 확률

$\mathrm{P}(X=2)=\dfrac{3}{6}\times\dfrac{3}{5}=\dfrac{3}{10}\rightarrow$ 1번 자리에 국어책 3권 중 한 권을 꽂고 2번 자리에 수학책 3권 중 한 권을 꽂을 확률

$\mathrm{P}(X=3)=\dfrac{3}{6}\times\dfrac{2}{5}\times\dfrac{3}{4}=\dfrac{3}{20}$

$\mathrm{P}(X=4)=\dfrac{3}{6}\times\dfrac{2}{5}\times\dfrac{1}{4}\times\dfrac{3}{3}=\dfrac{1}{20}$

X	1	2	3	4	계
계	$\dfrac{1}{2}$	$\dfrac{3}{10}$	$\dfrac{3}{20}$	$\dfrac{1}{20}$	1

따라서

$$\mathrm{E}(X)=\dfrac{10+12+9+4}{20}=\dfrac{35}{20}=\dfrac{7}{4}$$

$$\mathrm{E}(4X)=7$$

105 정답 ①

상수 a, b, c에 대하여 확률변수 X의 확률분포표를 다음과 같이 나타내자.

X	1	2	3	4	계
$\mathrm{P}(X=x)$	a	b	$\dfrac{3}{8}$	c	1

$a+b+c=\dfrac{5}{8}$

$\overline{X}=\dfrac{7}{2}$ 인 경우는 $\dfrac{3+4}{2}=\dfrac{4+3}{2}$ 인 경우이므로

$$\mathrm{P}\left(\overline{X}=\dfrac{7}{2}\right)=2\times\mathrm{P}(X=3)\times\mathrm{P}(X=4)=2\times\dfrac{3}{8}\times c=\dfrac{3}{16}$$

$$\therefore\ c=\dfrac{1}{4}$$

따라서 $a+b=\dfrac{3}{8}\ \cdots\ \bigcirc$

$\mathrm{E}(\overline{X})=\dfrac{11}{4}$ 이므로 $\mathrm{E}(X)=\dfrac{11}{4}$ 이다.

$a+2b+\dfrac{9}{8}+1=\dfrac{11}{4}\rightarrow a+2b=\dfrac{5}{8}\ \cdots\ \bigcirc$

$\bigcirc$, $\bigcirc$에서 $a=\dfrac{1}{8}$, $b=\dfrac{1}{4}$ 이다.

따라서 확률변수 X의 확률분포표는 다음과 같다.

X	1	2	3	4	계
$\mathrm{P}(X=x)$	$\dfrac{1}{8}$	$\dfrac{1}{4}=\dfrac{2}{8}$	$\dfrac{3}{8}$	$\dfrac{1}{4}=\dfrac{2}{8}$	1

	1	2	3	4
1				$\dfrac{2}{64}$
2			$\dfrac{6}{64}$	
3		$\dfrac{6}{64}$		
4	$\dfrac{2}{64}$			

따라서 $\mathrm{P}\left(\overline{X}=\dfrac{5}{2}\right)=\dfrac{2+6+6+2}{64}=\dfrac{1}{4}$

106 정답 784

크기가 25인 표본의 표본평균을 $\overline{X}$라 하면 조건 (가)에서

$$\overline{X}=\dfrac{\displaystyle\sum_{n=1}^{25}x_n}{25}=\dfrac{50}{25}=2$$

표본표준편차를 S라 하면 조건 (나)에서

$$S^2=\dfrac{1}{25-1}\sum_{n=1}^{25}(x_n-2)^2=\dfrac{24}{24}=1$$

이때 $\mathrm{P}(-1.96\leq Z\leq 1.96)=0.95$ 이므로 모평균 m 에 대한 신뢰도 95 % 의 신뢰구간의 길이는

$$2\times1.96\times\dfrac{1}{\sqrt{25}}=0.784$$

따라서 $l=0.784$

$1000l=784$

107 정답 456

(i) $c<4$일 때, $(a-2)(b-3)>0$이므로

$a>2$, $b>3$ 또는 $a<2$, $b<3$이어야 한다.

따라서 $3\times(4\times3+1\times2)=42$

(ii) $c>4$일 때, $(a-2)(b-3)<0$이므로

$a>2$, $b<3$ 또는 $a<2$, $b>3$이어야 한다.

따라서 $2\times(4\times2+1\times3)=22$

(i), (ii)에서 $(a-2)(b-3)(c-4)<0$을 만족하는 경우의 수는 $42+22=64$이다.

그러므로 $\mathrm{P}(A)=\dfrac{64}{216}=\dfrac{8}{27}$

따라서 $\mathrm{B}\left(27,\dfrac{8}{27}\right)$을 따른다.

$$\mathrm{V}(X)=27\times\dfrac{8}{27}\times\dfrac{19}{27}=\dfrac{152}{27}$$

$$\mathrm{V}(9X)=81\times\dfrac{152}{27}=456$$ 이다.

108 정답 682

확률변수 X는 정규분포 $\mathrm{N}(m,\ 5^2)$을 따르므로 곡선

$y = f(x)$는 직선 $x = m$에 대하여 대칭이다.

한편, 조건 (가)에서 $f(19) < f(40)$이므로

$m - 19 > 40 - m \rightarrow m > 29.5$

조건 (나)에서 $f(6) \geq f(56)$이므로

$m - 6 \leq 56 - m \rightarrow m \leq 31$

따라서 $29.5 < m \leq 31$이므로 가능한 m은 30, 31이다.

(i) $m = 30$일 때

$P(26 \leq X \leq 36)$

$= P\left(\dfrac{26-30}{5} \leq \dfrac{X-30}{5} \leq \dfrac{36-30}{5} \right)$

$= P(-0.8 \leq Z \leq 1.2)$

$= P(0 \leq Z \leq 0.8) + P(0 \leq Z \leq 1.2)$

$= 0.288 + 0.385$

$= 0.673$

따라서 $a = 0.673$이므로 $1000a = 673$

(ii) $m = 31$일 때

$P(26 \leq X \leq 36)$

$= P\left(\dfrac{26-31}{5} \leq \dfrac{X-31}{5} \leq \dfrac{36-31}{5} \right)$

$= P(-1 \leq Z \leq 1)$

$= 2 \times P(0 \leq Z \leq 1)$

$= 2 \times 0.341$

$= 0.682$

따라서 $a = 0.682$이므로 $1000a = 682$

(i), (ii)에서 최댓값은 682이다.

109 정답 42

(가)에서 함수 $f(x)$는 $x = 10$에 대칭이고 정규분포를 따르는 확률밀도함수이므로 $E(X) = 10$이다. 확률변수 X는 $N(10, \sigma^2)$을 따를 때, $P(X \geq 8) = 0.8413$에서 $0.8413 = 0.5 + 0.3413$이므로

$P(Z \geq -1)$이어야 한다. 즉, $\dfrac{8-10}{\sigma} = -1$에서 $\sigma = 2$이다.

(나)에서 함수 $g(x)$는 함수 $f(x)$를 x축의 방향으로 10만큼 평행이동한 그래프이므로 함수 $g(x)$는 $x = 20$에 대칭이고 $E(Y) = 20$이다. 따라서 확률변수 Y는 $N(20, 2^2)$을 따른다.

$P(a \leq Y \leq b) = 0.8185$에서 $0.8185 = 0.3413 + 0.4772$이므로

$P(-1 \leq Z \leq 2)$ 또는 $P(-2 \leq Z \leq 1)$이어야 한다.

$P(-1 \leq Z \leq 2)$일 때,

$\dfrac{a-20}{2} = -1$, $\dfrac{b-20}{2} = 2$에서 $a = 18$, $b = 24$

$P(-2 \leq Z \leq 1)$에서 $\dfrac{a-20}{2} = -2$, $\dfrac{b-20}{2} = 1$에서 $a = 16$,

$b = 22$

따라서 $a + b$의 최댓값은 42이다.

110 정답 327

비엔나 커피 하우스에서 판매하는 원두의 무게를 확률변수 X라 하면 X는 정규분포 $N(m, \sigma^2)$을 따른다.

Z가 표준정규분포를 따르는 확률변수일 때, $P(|Z| \leq 1.96) = 0.95$이므로 크기가 100인 표본의 표본평균의 값 $\overline{x}$로부터 구한 모평균 m에 대한 신뢰도 95 %의 신뢰구간은

$\overline{x} - 1.96 \times \dfrac{\sigma}{\sqrt{100}} \leq m \leq \overline{x} + 1.96 \times \dfrac{\sigma}{\sqrt{100}}$ 이다.

따라서 $c = 1.96 \times \dfrac{\sigma}{\sqrt{100}} = 0.196\sigma$이다.

이 커피 하우스에서 판매하는 원두 중 임의추출한 400개의 원두 무게의 표본평균을 $\overline{X}$라 하면

$E(\overline{X}) = m$, $V(\overline{X}) = \dfrac{\sigma^2}{400}$이므로

확률변수 $\overline{X}$는 정규분포 $N\left(m, \left(\dfrac{\sigma}{20} \right)^2 \right)$을 따르고, 확률변수

$Z_1 = \dfrac{\overline{X} - m}{\dfrac{\sigma}{20}}$은 표준정규분포 $N(0, 1)$을 따른다.

따라서

$P\left(\overline{X} \geq m + \dfrac{1}{4}c \right) = P\left(Z_1 \geq \dfrac{m + \dfrac{1}{4}c - m}{\dfrac{\sigma}{20}} \right)$

$= P\left(Z_1 \geq \dfrac{\dfrac{1}{4} \times 0.196\sigma}{\dfrac{\sigma}{20}} \right)$

$= P(Z_1 \geq 0.98)$

$= 0.5 - P(0 \leq Z_1 \leq 0.98)$

$= 0.5 - 0.3365$

$= 0.1635$

따라서 $P = 0.1635$이므로

$2000P = 327$